読むだけですっきりわかる直江兼続

後藤武士

宝島社

まえがき

いまだからこそ、直江《なおえ》兼続《かねつぐ》

百年に一度レベルの不況下にあると言われている平成二十一年の大河ドラマの主役に抜擢されたのは「直江兼続」だった。いいタイミングだと思う。

一部に熱狂的なファンを抱えながら、これまで戦国武将の中でもマイナーな部類に属してきた直江兼続。信長や秀吉、それに家康のような天下人ではない。真田信繁（幸村）のような伝説的な活躍があったわけでもない。武田信玄や上杉謙信のようなカリスマ的魅力があったわけでもない。明智光秀や石田三成のような悲劇の将でもない。

かいつまんで生涯を紹介しても、こうして文庫本一冊分になるほどエピソードは豊富で、変化も激しく、スピード感溢れる人生、それが直江兼続の人生。そこにはまっとうな生き方、まっとうな選択、まっとうにひたむきに自分の与えられた使命や境遇と向き合う男の姿があるだけだ。だがそれこそが今の時代に生きる人々に求められているも

のではないか。

個人としてのその姿もさることながら、直江兼続の官僚・政治家・経営者としてのその姿勢や施政、さらに至誠からも学ぶべきところは数知れない。身の丈にあった経営、低成長時代に合わせた殖産興業、人員削減に頼らない組織の再建、真に必要でかつ一部の者の利得ではなく大勢にとって果実をもたらすものだけに絞った公共事業、どれをとっても今の各分野のリーダーたちに参考にして欲しいものばかりだ。

直江兼続は武士に生まれたとは言え、決して身分は高くはなかった。そこからチャンスを一つずつ確実にものにして出世を遂げていった。生涯主君を一度も変えることなく生きることができた。その主君とは幼少時から死ぬまで文字通り人生を共に過ごすことができた。そういう主従の場合、得てして田舎でこじんまりと固まってしまいがちなのだが、この二人は、越後という一地方からスタートして、京の都を股にかけ、全国有数のスケールにまで御家を発展させ、また国家レベルの仕事にも何度も携わってきた。

家庭人としても妾を持つのが当たり前の時代に、年上の婚姻歴のある妻を生涯にわたって愛し、一人の妾も持たなかった。先立たれたとは言え子供にも恵まれ、父親として子供らに愛を注ぐことも忘れなかった。

学問や文化にも関心を示し、あの徳川家康のブレーンで幕府の精神的支柱を打ち立てた人物さえもうならせた。

越後からスタートして、京、小田原、朝鮮、会津、米沢と直江兼続の生涯を判りやすくたどったのがこの本である。歴史が苦手な人にもわかりやすいようにできるだけ専門用語には解説を加え、今風に喩える表現も付け加えた。彼の生涯をより実感してもらうために、極力年代順に表記した（実はこれが一番大変な作業だった。実際直江兼続関係の本は多く出ているが年代順のものはなかなかない）。また立体的に理解してもらうために、彼の生きた時代、活躍した街、かかわりあった人々について、できるだけ紹介や解説を加えた。

講談風に仕上げたために、史実に照らし合わせ不正確な部分もあるのだが、その旨はことわってあるので、ここでは大いに楽しんで学んでほしい。

一人でも多くの読者に彼の生涯を知っていただき、楽しんでいただき、学んでいただき、参考にしていただけたら、筆者としては本望である。

なお筆者にとっての直江兼続のイメージは故司馬遼太郎氏の『関ヶ原』のそれであり、１９８１年のＴＢＳドラマ『関ヶ原』で細川俊之氏が演じられた姿である。そのあたり若干イメージをひきずってしまっているかもしれない。また上杉家家臣団については今福匡氏の『直江兼続』（新人物往来社）を、取材にあたっては武山憲明氏の『「天地人」探訪　直江兼続〈下〉怒涛編』（音羽出版）を大いに参考にさせていただいた。

伝承の確認や年表の作成については、新潟県南魚沼市、新潟県長岡市、山形県米沢市の各観光協会、観光課作成のウェブサイトを参照させていただいた。その他、米沢市上杉博物館、宮坂考古館、上杉家御廟所、山形市の最上義光歴史館、本沢地区振興協議会、江口公彰徳委員会、それぞれ作成のパンフレットやリーフレットから地元での生きた伝承を学ばせていただいた。ここに篤くお礼申し上げます。

平成二十一年　正月　越後・米沢・山形に降る雪に思いを馳せつつ

後藤　武士

目次　読むだけですっきりわかる直江兼続

第三章　会津への転封

第四章　直江状と関ヶ原

デザイン＝藤牧朝子
図版　＝平岡省三

第一章

兼続誕生

いまから約四百五十年前、越後の国の上田に誕生した直江兼続。その出生から主君、上杉景勝との出会い、そして主君をめぐる跡目争いまで。彼の知られざる幼年期から青年期を描く。

●直江兼続、生誕の地

直江兼続は永禄三年（1560年）、越後国魚沼《うおぬま》郡上田庄坂戸《うえだのしょうさかど》城下で生まれた。

この年、かの有名な桶狭間《おけはざま》の合戦が行われている。つまり直江兼続が生まれた年というのは信長が歴史の表舞台にはじめて登場した年だということになる。時は諸大名が各国（地域）での独自の政治を行っていた戦国時代から信長、秀吉による全国統一がなされる安土桃山時代へ移ろうとしていた。そんな重要な年に直江兼続がこの世に生を受けたのである。

兼続の出身地について少し解説をしておこう。「越後国」は、ほぼ現在の新潟県にあたる。その越後の南に魚沼郡というところがあった。さらにその中に上田庄というところがあった。「○○庄」というのはかつて荘園だった地域を意味する。そこに坂戸城という大規模な山城があって、その城下に街があった。ここが直江兼続の人生のスタート地点だった。坂戸城（二十一頁地図参照）があった地域は現在の新潟県南魚沼市にあたる。最高の品質と味で知られる南魚沼産コシヒカリで有名なあの町だ。坂戸城は山城で天守を持つような城ではない。でもそこには碑も立っているし、山に登れば当時の雰囲気も味わうことができる。

さて新潟だが今でこそ首都圏とのつながりはそれほど深くはないが、この時代は関東とのつながりは深かった。越後を治める上杉謙信が関東管領《かんれい》だったからだ。関東管領というのは室町幕府の重要な役職の一つで関東の武士たちを束ねるのが役目だった。上杉謙信は、元は長尾景虎《かげとら》といった。謙信は保護していた関東管領の上杉憲政《のりまさ》の養子となり上杉家の家督（家柄、財産など）を継いだ。そのときに関東管領職も相続したのだ。もちろん経済的にも関東とのつながりは深い。今の群馬県と新潟県の県境に三国《みくに》峠という峠があった。その峠を挟んで越後と関東を結んだのが三国街道という道。その要所にあたるのが坂戸城のあった南魚沼の地だったのだ。関東からやってくる人々は越後国府《こくふ》（今風に言えば新潟県の県庁所在地）に向かう折にこの地に立ち寄ったものだ。越後国府は越後府中と呼ばれていて、今の新潟県上越市直江津地区にあった。直江津は奈良時代から有数の港として栄えている。もちろんこの時代も海運（船を使った輸送）海上交通の要所だった。直江兼続はそんな交通経済の要所で生まれたのだ。そしてこのことは彼が知識やセンスを身につけるのに役立つことになる。

●直江兼続の家系

彼の父親は城で働く仕事をしていた。今風に言えば地方公務員といったところか。

このときの坂戸城の城主は長尾政景《まさかげ》という人物だった。長尾氏というのは上杉家の家臣の家柄。歴史がある一族なので同じ長尾氏でも途中で枝分かれして、いくつかの長尾氏が存在する。長尾政景はそのうちの越後長尾氏のさらに分家の府中長尾氏という家に属していた。直江兼続の父親はこの城主の長尾政景に仕える家臣だった。名前は樋口惣右衛門兼豊《ひぐちそうえもんかねとよ》。樋口兼豊は政景の家老であったといわれている。その一方で坂戸城で炭や薪の管理をしていた薪炭用人だったという説もある。他にもいくつか説があってどんな身分と役職だったのかははっきりしない。ただ長尾政景に仕えた家臣であり武士だったことには変わりはない。つまり直江兼続は武士の息子、でも大名や城主の息子ではなかったということだ。

　ところでこの樋口家、実は樋口兼光《かねみつ》の子孫であるという説もある。少し樋口兼光についてお話ししよう。

　兼続の時代より四百年近く前、平安時代の末期、源氏と平氏による源平合戦が繰り広げられていた頃、源義仲《よしなか》（木曽義仲）という武将がいた。この人は平氏の全盛期に源氏の血を引いているために平氏に追われ、木曽（今の長野県南西端）に匿《かくま》われ育てられた。後に「いいくにつくろう鎌倉幕府」で有名な源頼朝が平氏打倒の挙兵をしたとき、義仲も木曽で打倒平氏の兵を挙げた。義仲は平氏軍を打ち破り、京の都に上って朝日将軍という名を朝廷（天皇家）から賜り、一時は平氏に代わって都を制圧した。実は平氏を京から追い出したのは頼朝ではなく、この木曽義仲だったのだ。だが田舎育ちの義仲は都風の暮らしに馴染むことができなかった。彼らは貴族や京の人々から

兼続人脈＆家系図

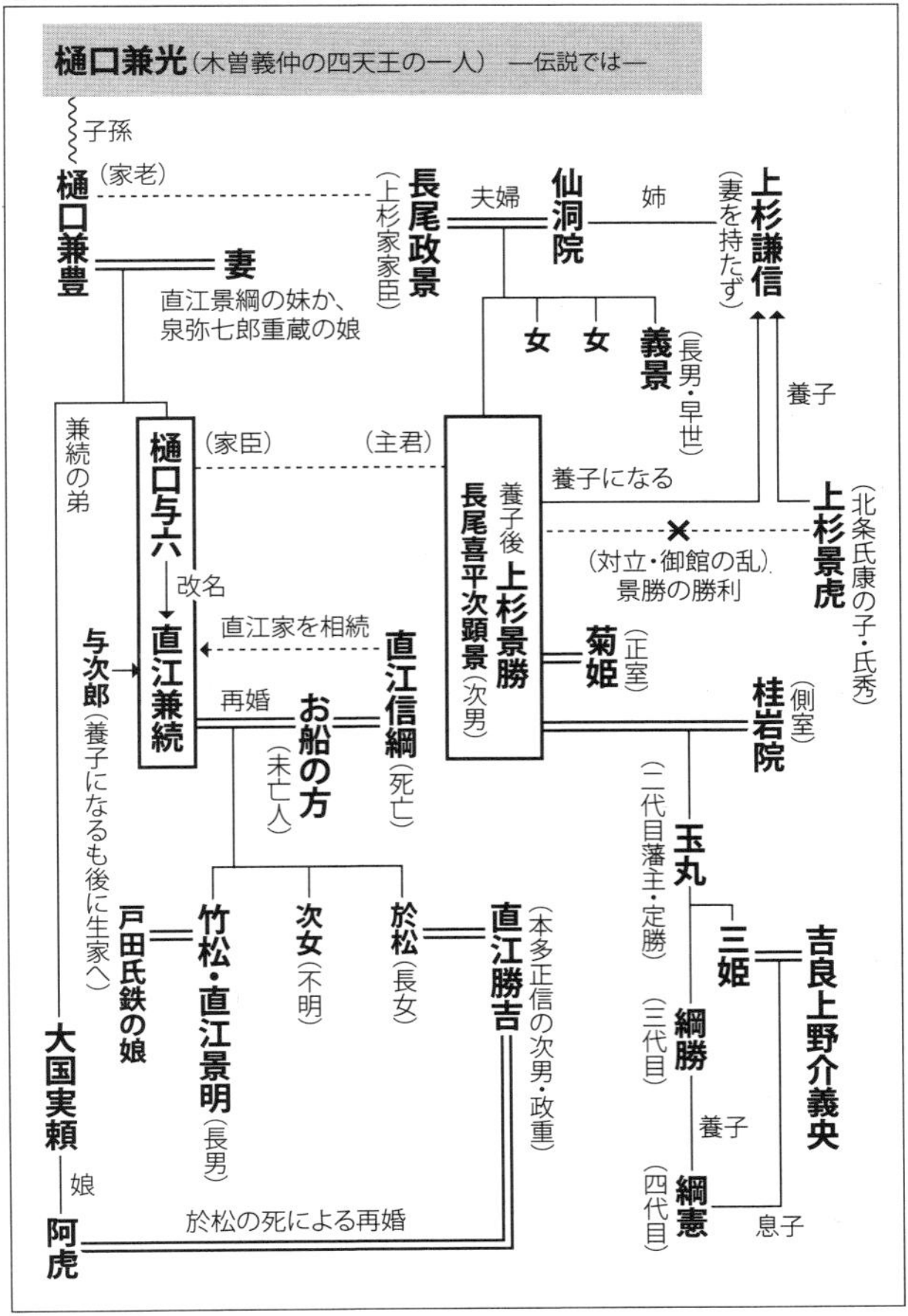

樋口兼光（木曽義仲の四天王の一人）—伝説では—
子孫
樋口兼豊（家老）
妻
直江景綱の妹か、泉弥七郎重蔵の娘
長尾政景（上杉家家臣）
夫婦
仙洞院
姉
上杉謙信（妻を持たず）
女
女
義景（長男・早世）
養子
兼続の弟
樋口与六（家臣）
（主君）
養子後 上杉景勝
長尾喜平次顕景（次男）
養子になる
上杉景虎（北条氏康の子・氏秀）
×
（対立・御館の乱）
景勝の勝利
改名
直江兼続
直江家を相続
与次郎（養子になるも後に生家へ）
直江信綱（死亡）
再婚
お船の方（未亡人）
菊姫（正室）
桂岩院（側室）
玉丸（二代目藩主・定勝）
三姫
吉良上野介義央
綱勝（三代目）
養子
綱憲（四代目）
息子
戸田氏鉄の娘
竹松・直江景明（長男）
次女（不明）
於松（長女）
直江勝吉（本多正信の次男・政重）
大国実頼
娘
阿虎
於松の死による再婚

嫌われてしまう。やがて同じ源氏の一族の源頼朝が差し向けた彼の弟の源義経（もちろん牛若丸）に討たれてしまう。実は義仲は頼朝・義経とはいとこ同士だし、このとき義仲は頼朝に息子を人質に差し出していたのだが、にもかかわらず頼朝に滅ぼされてしまった。まさに悲劇の将軍といえる。

この悲劇の将軍源義仲の忠実な家臣であり、義仲四天王の一人として勇猛の名を馳せた人物が実は直江兼続の父、樋口兼豊の先祖といわれている樋口兼光なのだ。その信憑性には疑問もあるけれど、なんだかロマンのある話だ。

さてこれで兼続の父についてはわかった。では母は…となるわけだけれど、母については残念ながらはっきりしていない。長尾景虎（上杉謙信）の家臣、直江景綱《かげつな》の妹であるという説と、信州（今の長野県）の武士、泉弥七郎重蔵《いずみやしちろうしげくら》の娘であるという説がある。どちらの説もそれぞれうなずける根拠を挙げている。

どちらが正しかったとしても母は決して身分の低い者ではなかっただろうことは間違いない。となるとそのような女性を妻に迎えられた兼続の父樋口兼豊も家臣団の中では優遇されていたのかもしれない。

●武士の改名

この頃の武士に関して、混乱させられてしまう原因の一つに、彼らが成長するにしたがって名前をコロコロ変えてしまうということがあげられる。

その改名について少し説明しておこう。

武士も普通の子と同じように生まれると命名される。このときの名前を幼名と呼んでいる。徳川家康の「竹千代」とか豊臣秀吉の「日吉丸」なんかが有名だ。

そして今の中学生くらいになると元服といって成人になった儀式をし、新たな名前をもらう。このときは主君などから名前の一文字をもらったりすることがある。名付け親も主君や恩人がなるのが普通で、名付け親のことを烏帽子《えぼし》親と呼ぶ。ちなみに烏帽子とは元服したときにかぶる細長くて先がとがったような帽子のことだ。百人一首の読み札に描かれているのを思い浮かべてもらえたらよいだろう。

さて武士はこのあと出世すると朝廷や主君から官職や位階をもらう。筑前守《ちくぜんのかみ》とか治《じ》部少輔《ぶのしょう》とか上総介《かずさのすけ》なんていうのがそれだ。こういうのをもらうと羽柴筑前守秀吉とか石田治部少輔三成とか織田上総介信長とかになって、単に「筑前守」とか「治部殿」とか「上総介」なんて呼ばれたりもするようになる。

さらにややこしいのが養子だ。当時は今以上に家を残すことが大切で、特に昔から続いた名門となると、その家をたやさないために養子をとることが盛んに行われた。もちろん養子とは名ばかりで人質の場合もあったし、逆に養子を利用して他家をのっとるパターンもあった。（人質の場合は普通相続権のない養子である猶子となった）

養子に行けば当然苗字が変わる。さらにそのときにその家を継ぐにふさわしい名前になるように名前まで変えることもある。

これだけではない。大名や武将が出家をすると法名という入道名をもらう。武田信玄の「信玄」とか、上杉謙信の「謙信」がこれだ。

●謎の幼年時代

そんなわけで武士の場合成長するに従って名前が変わっていくのだけれど、直江兼続の幼名は与六といった。六男でもないのに「六」なのはきっと坂戸城主長尾政景の幼名が新六だったのにちなんでの命名だろう。

幼年時代の彼に関する資料は残念ながらほとんど残っていない。今後見つかる可能性がまったくないわけではないけれど、これも仕方のないことだろう。というのは誰でもブログで記録を残すような今の時代と違い、当時は文字の読み書きができる人は限られていた。となるとあえて幼年期から記録が残されるほどの人物は限られてくる。「え？　直江兼続ってすごい人なんでしょ、だったらその記録を残すほどの人物でしょうよ」と思う人もいるだろうが、ちょっと待ってほしい。確かに彼はまごうことなく記録を残すにふさわしい人物だ。だけど彼がそうした人物になることに幼年期から周りの人たちがわかっていたわけではない。「この子は聡明な子だ。きっとひとかどの人物に育つことだろう」と近所の人たちの評判にはなっていた。だがそれ以上を望むのは酷だろう。天皇や公家（藤原氏に連なる一族など貴族のことだ）それに大名の子供であれば、将来がある程度約束されているのだから、当然記録が残される。そのため比較的幼年時の記録もみつかりやすい。しかし直江兼続は武士の子とはいえ、大名や城主クラスの子ではなかった。だから幼年期の記録はあまり存在しないのだ。

「でも豊臣秀吉って農民の子でしょ。なのに幼年期の記録が残ってるよね」と気がついた人はなかなか勘が鋭い。その通りで彼については幼年期のエピソードもいくつか存在している。が、しかし、それは後世の人たちの創作、フィクション、つまり作り話であったり、あるいは出世した後の秀吉が配下の武将らを集めて、「わしの小さい頃に…」などと吹聴した話が元になっていたりする。直江兼続の場合は秀吉のように部下を集めて自慢話をするのが好きなタイプではなかっただろうから、その方面でも幼年時代の逸話というのは残っていないのだ。

　こうしたときに頼りになるのが地元に残る伝承だ。幼年期にその人物がどんな人物であったかは、まだその人物が出世する前の地元にこそ伝承が残るものだから。

　聡明であったことは間違いない。また村人に好意的に受け入れられるような子供だったにちがいない。南魚沼六日町《むいかまち》の民謡に「お六甚句《ろくじんく》」というのがある。「お六」というのは「与六」の「お六」。つまりこの民謡は兼続の幼少期にちなんだものなのだ。

それが今でも町の人たちに親しまれている。出世してからの領地でならともかく、生誕の地で、しかも幼名にちなんだ民謡があるということは、やはり直江兼続、いや樋口与六はそれだけ親しまれる人物だったのだろう。

坂戸城のある南魚沼市は現在でも日本有数の豪雪地帯として知られている。そんな地域で過ごした幼年時代は与六にとっては基礎となる体力や雪に耐え忍ぶ我慢強さを与えてくれたことだろう。また既に述べたように坂戸は交通の要所であったから、与六少年は訪れる大人たちから様々なことを見聞きできたはずだ。

●与六少年、景勝の近習に。出世の第一歩

与六少年は六歳のとき、後の大出世につながる第一歩を踏み出している。与六少年の聡明さや評判が何らかの形で仙洞院（仙桃院と表記されることも）の目にとまったのだ。「せんとういん」と言っても特撮ヒーローものの雑魚キャラではない。

仙洞院とは越後国主上杉謙信の姉である。彼女は坂戸城主であった長尾政景の正室（正妻のこと）だった。長尾政景と仙洞院の間には二男二女と四名の子がいた。だが長男の義景は早世（若くして亡くなること）してしまい、世子（世継ぎ。あと取り息子のこと）となったのが次男の景勝《かげかつ》だった。この景勝こそのちに直江兼続のただ一人の主君上杉景勝となる人物なのだ。長尾景勝は弘治元年（1555年）生まれなので、

越後の地図（兼続関連）

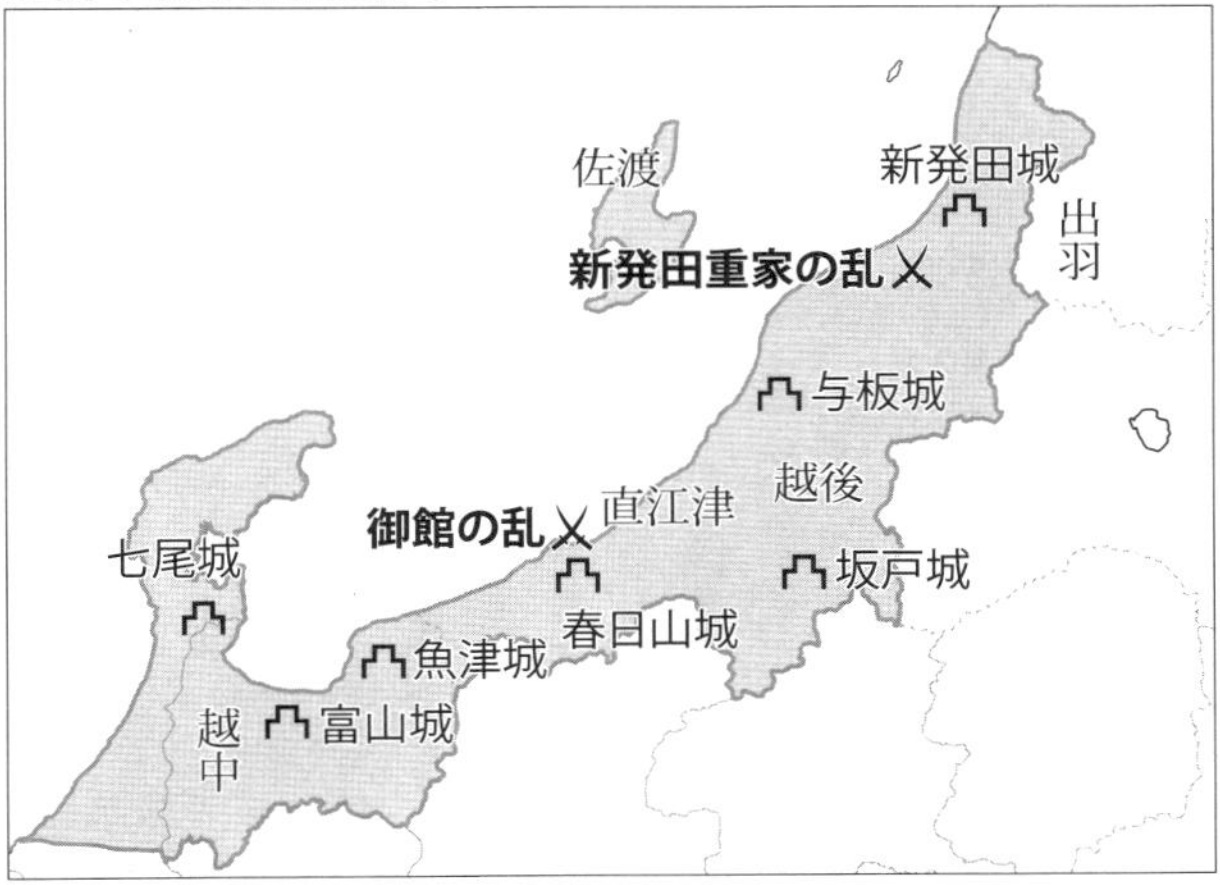

直江兼続よりは五歳年長となる。
景勝の母、仙洞院は、景勝のためによい話し相手であり、後に景勝の側近として頼りになる者として幼き日の直江兼続、与六少年に目をつけた。彼女の推挙で与六少年は五歳年長の後の景勝の近習となったのである。

●学友、景勝と兼続

幼少だったこともあり景勝と兼続は主君と家臣というより、むしろ兄弟のように育った。坂戸時代には彼らはともに雲洞庵《うんとうあん》で学んでいたという。

雲洞庵は越後で非常に有名な禅寺だ。越後には「雲洞庵の土踏んだか」という言葉がある。雲洞庵の参道の敷石には法華経の文字が一つの石に一つずつ刻まれているという。そこで「雲洞庵の土を踏んだ」ということは雲洞庵で学んだということになる。雲洞庵で学んでいない者は一人前の僧侶とみなされない。そこからこの言葉が生まれたのだ。ちなみにこの言葉は「関興庵《かんこうあん》の味噌なめたか」という言葉とセットで用いられる。こちらの意味は推測できるだろう。両寺院で学んだことが高僧になるための条件だった。二人はこの雲洞庵で北高全祝《ほっこうぜんしゅく》や通天存達《つうてんそんたつ》のような名高い僧の教えを受けた。景勝と兼続は学友でもあったのだ。

●景勝の父、亡くなる

永禄七年（1564年）景勝の父、そして直江兼続とその父樋口兼豊の主君である長尾政景が享年三十八の若さで亡くなってしまう。ちなみに死因は水死。坂戸城近くの野尻池という池で宇佐美定満《うさみさだみつ》という七十六歳の隠居したおじいさん武士と共に舟遊びをしていたときのことだった。この宇佐美定満もこのときに共に亡くなっている。公式にはこの長尾政景の死は事故ということになっているが、宇佐美による謀殺も噂されていた。

実は長尾政景はかつて長尾景虎（上杉謙信）に反抗していた。この時代同じ一族同士での統領をめぐる争いはよくあることだったのだ。この頃には一応政景は景虎に従っていたけれど、景虎側としてはまたいつ謀反を起こすか、気がかりだったとしてもおかしくはない。そこで景虎が謀反の根を断ってしまおうと政景を手にかけても何の不思議もない。だから景虎の指示による暗殺説も存在している。また景虎自身は指示しなかったが、宇佐美が景虎のこれからのことを思い、自らの命を犠牲に政景にとどめをさしたという説もある。宇佐美は戦国期の七十六歳。ならば景虎への最後の奉公に自分の命とともに景虎の家臣とはいえライバルでもある政景を葬るという考えを起こし行動に移すのもまた自然なことだ。このあたり史実はどうだったかは、もはや史料があろうとなかろうと永久にわからないことだ。

なぜなら暗殺のヒミツを文書に残す愚かな武士などいないだろうから。

●兼続、景勝に従い春日山《かすがやま》城へ

父を亡くした景勝は母、仙洞院と共に上杉謙信の春日山《かすがやま》城（新潟県上越市）に引き取られることになった。景勝は謙信の養子となっている。ただしこのとき謙信にはもう一人養子がいた。関東の雄、北条氏康《ほうじょううじやす》の子、上杉景虎だ。

そして我らが兼続もこのとき景勝に従って春日山城に入る。春日山城に入った景勝の立場は微妙だった。もしかしたら父の仇かもしれない養父謙信。住み慣れた坂戸とは異なる春日山城下。同じ上杉の領国越後内とは言え、春日山城下と坂戸城下では、方言や風習等微妙に異なる。周りの大人たちも見知らぬ人ばかり。春日山では景勝は外様であった。転校生のようなものだ。そう、理事長の息子が転校してきたようなもの。まわりは大事にしてはくれるけど腹を割って話せる友はいない。少年期の景勝がそんな環境で兼続を頼りにしたのは当然のことだった。そんな景勝にとって兼続の存在は貴重だった。年下とはいえ頭の回転が早く、話の内容に手加減を加える必要はない。見知らぬ人達ばかりの春日山で、かしこまることもなく、警戒を抱くこともなく、安心して心置きなく相談ができるのは同郷出身であり幼馴染でもある兼続だったのだ。そして年下ながら兼続も景勝のさみしさをまぎらすために話し相手となった。こうして二人は友情にも似た関係を築いていくのである。

兼続は春日山城にいた折、景勝と共に謙信に会ったことがある、あるいは謙信から様々な教えを受けたともいわれている。後の兼続の軍事や経済の政策に謙信からの影響が見られるからだ。しかし実際は謙信から教えを受けるまでは無理だっただろう。この時期の謙信にそのような余裕はない。だが謙信は筆まめで景勝には書状を多数残している。そういったものを通して謙信の教えが景勝へ、さらに景勝から兼続へと伝わっていても不思議はない。また兼続が景勝の近侍であった以上、遠くから謙信の姿を見ることはできたにちがいない。そのときに少年兼続は謙信公が発するオーラを感じたことだろう。春日山城下で暮らした以上、彼から受ける影響は間違いなく大きかったに違いない。直接会っていたかどうか、直に教えを受けたかどうかはさしたる問題ではない。

●大黒柱の謙信、突然死

天正六年（1578年）越後の地に激震が走った。能登七尾城《のとななお》を攻略し、能登を手中に収め、信長配下、柴田勝家《しばたかついえ》を総司令官に擁する北陸方面軍を打ち破り、勢いに乗っていた上杉家の大黒柱、上杉謙信。彼がなんとあろうことか急死してしまったのだ。能登・加賀遠征から春日山城に凱旋。その直後再度の遠征に向け大号令を発し、出陣の準備をしている最中のまさに不慮の出来事だった。「厠《かわや》」つまりお手洗いで倒れ、そのまま息を引き取ったということだ。

死因については毒殺説まで含めて様々な説がある。けれど厳しい寒さの中、雪の日の厠となれば、現在でも冬のお手洗いでのお年寄りの突然死によくある脳溢血（脳の血管が切れてしまい出血して死に至る）あたりが妥当だろう。

まったく予期せぬ出来事だっただけに、軍事的にはもちろん精神的にもその他の点においてもあまりにカリスマ性が強かった謙信の死は、上杉家を文字通り大きく揺るがすことになる。

●妻を持とうとしなかった謙信

悪いことにこのとき謙信は後継ぎについて一切言及をしていなかった。越後の大家、上杉家の家督を継ぐのは誰なのか、謙信は公の場で家臣たちにはっきり伝える前に亡くなってしまったのだ。享年四十九、「人間五十年」と謡われていた頃の四十九歳だから、今の感覚では測れない。けれど、当時の他の大名らの享年を考えるとやはり早過ぎる死だったと言わざるを得ない。遠征の準備をしていたくらいなのだから、本人はまだ死期が来るとは思っていなかったに違いない。本来は保険と同じでこういうことは「危ない」と思う前にやっておかなければならないものなのだ。けれど、さすがの謙信も相次ぐ戦、特に強力な信長の軍勢を相手に緊張の日々が続いてはそれどころではなかったのだ。

実子さえいれば、話は早い。がこの謙信には養子は三人もいるのに実子はいなかった。それも秀吉みたいに子宝に恵まれなかったというのではない。なんと、この謙信、あろうことか妻を持たなかったのだ。これは戦国武将としてはかなり異例のことだ。複数の妻妾を持つのが当然の時代（なおかつ正妻も気持ち的にはそれが嫌でも、表向きはお家のためと認めざるを得なかった。中には血筋が途絶えるのを心配して自分から積極的に妻妾を探して夫である武将に差し出す正妻までいた）に謙信は妻を持とうとさえしなかったのだ。

彼は生涯不犯《しょうがいふぼん》（一生、女性と交わらない）を貫いたといわれている。

この原因もまたいろいろ考えられている。極端な説では「謙信は実は女性だった」という説まである。他にも謙信は衆道家《しゅうどうか》だった（今で言うボーイズラブ）とか、姉の仙洞院があまりにも出来すぎた女性だったので極度のシスコンだったのではないかなどといろいろ取りざたされている。が比較的信頼性が高そうなのはやはり信仰に基づくものだとする考えだろう。謙信は飯綱権現《いづなごんげん》を信仰していた。このことは彼の兜の前立て（兜の正面額の上にある飾り）が飯綱権現であることからも史実と言える。ではその飯綱権現というのはどんな神様なのか。元々は山にこもって修行をする修験《しゅげん》道の神様で、戦勝の神であったといわれている。だから武将である謙信が信仰するのは少しもおかしなことではない。ただちょっと他の宗教より怪しげだったのは、飯綱権現の呪力には空中浮遊を代表とする魔法のようなものがあると考えられていたこと。しかもそれを会得するには厳しい条件があるのだけれど、その最たるものとして女人禁制（女性と交わってはならない）があったのだ。このために謙信は生涯不犯を貫いたともいわれている。謙信が妻帯せず、その結果当然のことながら血を引いた実子がいなかったこと、そして後継者候補となる養子が二人いたことで、上杉家は大激震に見舞われることになる。

●二人の後継者候補

実子がいなかった謙信には生前三人の養子、一人の猶子《ゆうし》(相続権を持たない養子)がいた。このうち信玄に追われ謙信を頼ってきた村上家出身の山浦景国《やまうらかげくに》、元は畠山《はたけやま》家から謙信に出された人質であった上条政重《じょうじょうまさしげ》の二人は、謙信の生前に既に彼の指示により上杉の一族である山浦、上条家の家督をそれぞれ継いでいた。

したがって後継者候補となる養子は二人である。

一人は言わずと知れたこの本の主人公、直江兼続の主君、上杉景勝。謙信にとっては敬愛する実姉の子でもある。

もう一人の養子は関東の大大名、北条氏康から人質として預けられていた上杉景虎《かげとら》だ。こちらも元は人質待遇だったとはいえ、謙信にはかなり気に入られていた。なんせ謙信は自身のかつての名前「景虎」を与えている(人質として来た折の名前は三郎)。景虎は妻まで謙信から世話を受けている。これがなんともう一人の養子つまり景勝の実の妹。とすると実はこの二人の養子、義理の間柄ではあるが兄弟でもあるわけだ。

片や元は人質であり、上杉、長尾家でもない北条家出身の景虎、一方は謙信の慕う姉の実子であり同族の血が流れる景勝。こうしてみると上杉家の後を継ぐのは景勝が自然であるように思えてしまうだろう。ところが必ずしもそうではなかった。景虎は上杉家長尾家の面々に厚遇され好かれており、それゆえにこの二人のどちらが謙信の後を継ぐかはフィフティー・フィフティーだったのだ。

景勝か景虎のどちらかに大きなアドバンテージがあれば、争いは起きなかったかもしれない。どちらかに大きなアドバンテージがあるということは、大勢がつまり流れが既にある程度決定してしまっているということになる。そんな中でもう一方が行動を起こすのはリスクがあまりにも大きいからだ。

ところがフィフティー・フィフティーだとそうはいかない。勝つも五分、負けるも五分。どうせ条件は同じなのだから動かざるを得ない。仮に景勝や景虎が「自分はトップの器じゃないから」などと考えても周りがそれを許さない。周りの人間にとって自分が直接仕える主君がトップに立つかそうでないかでは雲泥の差がある。今だって会社の中で専務派と常務派の派閥があって、常務が次期社長になると専務派の面々は一斉に閑職（出世コースからはずれた仕事）に回されるなんてことはいくらでもある。それが戦国時代ならば、下手をすると待遇どころか命に関わる。

景虎も景勝も若くて有能だということも、ここではまずいことにつながる。「え？　なんで？　両方優秀ならどっちかがトップでどっちかが支えれば上杉家万々歳じゃん」と思う人もいるかもしれないが、そうはいかないのが人の世の常。

景虎でも景勝でも一旦自分が上位に立ったら、間違いなく一方を政治的にあるいは文字通りに抹殺することを第一に考える。いや考えなければならないのだ。なぜならば後継者候補が多数いることは家の分裂のきっかけとなり家を滅ぼしてしまうことにつながるから。

そんな例はいくらでもある。古代には壬申《じんしん》の乱を引き起こした大海人皇子《おおあまのみこ》（後の天武《てんむ》天皇）と大友皇子《おおとものみこ》（死後に弘文天皇《こうぶんてんのう》と贈り名）の天智天皇の後継ぎをめぐる争いがあった。近くには室町幕府八代将軍義政《よしまさ》の後継ぎ争いをめぐってこれまた将軍の弟と息子が、つまり叔父と甥が争った応仁《おうにん》の乱があった。しかも応仁の乱にいたっては結果として幕府を弱体化させ、足利将軍家の威光を低下させ、戦国の世の到来を招いてしまっている。

この時点で二人とも若いということは有能な男子が誕生し、順調に成長する可能性が高いということだ。そうなれば景虎と景勝のどちらかが、この後先に亡くなった場合、生き残ったどちらかと先に死んでしまった側の子供との間でやはり跡目争いが生じることだろう。それを避けるためにも事前に芽は摘んでおかなければならない。それは戦国の世の常識である。だからこの二人に話し合いによる解決を期待することはそもそも無理だった。当然の如く上杉家中を二分する争いが起きた。上杉家における壬申の乱、応仁の乱に匹敵するこの争いが天正六年（１５７８年）の御館《おたて》の乱である。

●御館の乱

生きるか死ぬか、景勝にとってこの御館の乱は文字通り生死をかけた戦だった。若き兼続はもちろん景勝側で懸命に働く。ただしそれは戦場におけるものでなく、主に伝達や情報収集などの仕事だった。景勝の近習であり学友であると言っても、この非常時に軍勢を指揮することを諸将に納得させるだけの地位を、残念ながら彼はまだ持っていなかったのである。

仕掛けたのは景勝だった。彼はいち早く春日山城本丸を占拠すると対外的に自分が謙信の後を継いだことを書状で宣言する。死の直前になされた謙信の遺言に基づいての行動だと主張した。なお景勝は寡黙の名将として知られている。家臣の前であるいは諸大名の前で軽々しく無駄口を叩かなかった。彼が兼続を欲した理由にはそれもあっただろう。弁舌さわやか、理路整然と理屈を並べた長身の美男子、兼続は、寡黙で小男、気難しげな容貌の景勝の意思を伝えるにはもってこいの男だったのである。もちろん諸事につけ彼に相談すれば間違いはなかった。だがそうした二人の活躍を語るにはまだ少し早い。今しばらく景勝に活躍してもらおう。無口な景勝が後継を宣言することなどできたかと疑問もありそうだが、これは書面によるものである。

その後景勝は春日山城の三之丸の景虎に攻撃を開始した。一方の景虎は先手を取られ、態勢を立て直すために三之丸を退去、春日山城を一旦後にし、御舘に引き籠った。御舘というのは謙信以前に関東管領を務めていた上杉憲政の屋敷のことだ。相模国（神奈川県）小田原城主であった北条氏康に敗れ、謙信を頼ってきた上杉憲政のために謙信が建ててやった屋敷が御舘なのである。屋敷だし、この時代のことなので天守はない。だが堀はあって、敷地は東西約二百五十メートル、南北約三百メートルあったというから、ちょっとした城のようなものだった。

御舘と春日山城とは、今は同じ上越市に位置する。車のない時代ではあったが、さすがにこれは至近距離での対峙だった。戦はやや膠着し、景勝も景虎もそれぞれ上杉家諸将を味方につけるための工作を行っていた。主に景勝の側についたのは謙信の側近だった人物たちや地侍だ。もちろんその中にはまだ樋口与六だった後の直江兼続も、その父である樋口兼豊もいた。

一方で景虎を支援したのは主に上杉の面々。ここで言う上杉とは、謙信が後を継いでからの上杉家ではなく、関東管領だった憲政の上杉家、つまり元々の関東の名門上杉の一族を指す。さらに周辺の大名の多くも景虎支持を表明した。これには景虎の実家である北条家の支援、さらにはその北条家と同盟関係を結んでいた武田氏など景虎の背後に強力なバックがあることなども影響していた。誰でも勝つ方に味方せねば先がないのだから、強力な後ろ盾がある景虎に味方する者が多かったのも当然のことだ。

ただしこの時点での武田氏の統領はおなじみの信玄ではない。武田勝頼《かつより》だ。彼は信玄の死後、家督を継いでいた。彼はあの長篠《ながしの》の戦いで織田信長・徳川家康の連合軍に鉄砲隊の威力で敗退したという不名誉なことで有名な人物である。

こうしてみてみると形勢は五分のようだが、戦が長引けば隣国から味方の援護が期待できる景虎が有利であることがわかる。景虎は春日山城下に放火するなどし、景勝を挑発した。さらに春日山城を攻め立てるもこのときは撃破された。数日後再度春日山城を攻撃する景虎、一進一退の攻防が続く。そんな中で景勝が危惧したのは他国からの景虎支援部隊が到着してしまうことだった。これを防ぐために景勝は味方してくれる武将を要所を守る周辺の城に配置した。諸将はよく守った。だが、肝心の景勝に余裕がなく援護が来てくれない。そのためひとつまたひとつと他国との要にある景勝方の城は落ちていった。

景虎の実兄、北条氏政はもちろん景虎を支援しなければならなかった。だがさすがに小田原からでは距離があり、すぐにというわけにはいかない。そこで北条氏政は同盟国である武田勝頼に景虎の援護を依頼した。この要請を受諾した勝頼は亡き信玄の甥にあたる武田信豊《のぶとよ》を派遣した。既に三年前に長篠の戦いで織田徳川連合軍に大敗を喫していてようやく立て直しを図ったばかりの勝頼としては目一杯の支援だっただろう。信豊軍は信濃と越後の国境付近にまで軍を進める。景虎の実家北条家では、さらに会津《あいづ》（福島県）の名門である蘆名盛氏《あしなもりうじ》にも支援を依頼する。実は蘆名家もこのとき後継ぎの急な早世で、てんやわんやだったのだが、盛氏はこの機に乗じて越後の一角を掠め取ろうという思惑もあってこの出兵要請に応じた。

この時点で景虎方はかなり有利に戦局を進めていた。景勝には春日山城があるものの、周囲はすっかり敵に囲まれてしまっている。景虎への援軍は日増しに近づいてくる。ここで北条氏政の部隊が加勢すればおそらく大勢は決していただろう。ところが、なぜか氏政は動かないのだ。既に述べたように武田氏や蘆名氏などに景虎の支援は依頼したものの、当のご本人は腰を上げないのである。結論から言えばこの不可思議な氏政の行動が勝敗を大きく左右した。

このままでは手も足も出ない状態に追い込まれる景勝は驚くべき手段に出る。なんと武田勝頼を買収したのだ。武田軍がいくらなんでも話がうますぎると思ったほどといわれている巨額の黄金、それに領地の一部割譲（譲り渡すこと）という条件で和議（仲直り）を申し出たのである。長篠の疲弊から立ち直りきっていない武田方にとっては願ってもない条件、結局この和議は武田勝頼に受け入れられた。これはまさに景勝にとって起死回生の一手だったのである。

勝頼にしてみればお金は喉から手が出るほど欲しい状況、しかも自分に援軍を頼んだ当の北条家はいつまでたってもやってこない。この決断も無理のないものだった。

景勝に話を戻す。景虎と彼への支援部隊に手も足も出なかった景勝についに突破口が開かれた。後顧《こうこ》の憂いがなくなった（後ろを心配しなくてもよくなった）景勝軍は反撃を開始する。春日山城と坂戸城（あの景勝の元々の居城だ）を結ぶルートを確保し、景虎方についた城を次々に攻略、景虎方の武将を討ち取った。反撃が開始されたのだ。

この後八月に入り、武田勝頼の提案で景勝、景虎間に和議が成立する。しかしそれも束の間、すぐに破談。景勝と結んだものの自軍の被害を大きくしたくなかったのか、あるいは北条を積極的に敵に回したくなかったのか、勝頼はどちらにも手を借さず撤退する。

そして九月に入ってようやく景虎の実家北条家が重い腰を上げた。氏政の兄弟、氏《うじ》照《てる》・氏邦《うじくに》が関東から越後への境である三国峠を越え、坂戸城の攻略を開始したのである。景勝方はピンチであったが、ここで景勝に心強い味方が現れる。その味方の名は雪である。そう、越後の冬は厳しい。北条軍は雪のため進軍を停止、攻略した樺沢城にこもり、様子を窺《うかが》うしかなくなった。

この状態で動けないのは景勝も同じである。十二月に景勝は勝頼の妹である菊姫《きくひめ》を妻に迎え、景勝、武田勝頼の同盟が本格化、そのままお互いに年を越すことになる。

なおこの菊姫、敵であった武田家の出身ながら、才色兼備、その上質素倹約に努める文句なしの姫君で、家臣たちにも大いに慕われた。

翌天正七年（1579年）二月、ついに景勝軍は景虎の本陣である御館を襲撃した。一ヶ月以上にわたる激しい合戦の末、三月十七日についに御館は落城する。

このとき、御館の元の持ち主であり謙信の義父でもあった元関東管領上杉憲政は景虎の長男で九歳の道満丸《どうまんまる》を引き連れ、春日山城へ向かった。景勝との和議を結ぶためである。しかし時既に遅し。その途上で上杉憲政と道満丸は景勝軍に包囲され、二人は討たれてしまった。また景勝の妹であった景虎の妻は生き残ることを選択せず、亭主の景虎に生き延びて本懐を遂げるよう（逃げていつか再び景勝に勝利すること）告げ、燃えさかる御館と命を共にする。これも戦国の女性の悲しい性であったのだ。信長の怒りを買って滅ぼされた浅井長政とお市の方を思わせる悲劇はここにもあったのだ。

妻に励まされた景虎は何とか逃げ延び、御館を脱出、信濃方面へ逃亡した。そして越後と信濃の国境、今の新潟県の長野との県境妙高《みょうこう》市にあった鮫ヶ尾《さめがお》城に逃げ込んだ。ここの城主堀江宗親《ほりえむねちか》は景虎側の武将であり、この地は景虎にとって残された逃げ道だったのである。だがしかし、これも戦の世の常、もはや大勢が決したこのとき、景虎を守る器量は堀江にはなかった。寝返った堀江に攻められ、三月二十四日景虎はついに自害（自分で命を絶つこと）する。ここに御館の乱は終結した。景虎享年二十六であった。

●乱の影響

景虎が自害したことで乱が終結した。ここに景勝は謙信の後継者となったのである。だがその後も景勝に矢を向ける諸将は後を絶たなかった。また謙信が苦難の上に打ち立てた上杉の軍事力は血で血を洗う肉親同士の争いのため大幅に衰退してしまった。さらにこの折の恩賞の配分をめぐって家臣同士の対立がやまず、その結果多くの家臣が乱後も命を落とすことになる。

実はそれが皮肉にも我々の主人公直江兼続がまさに樋口兼続から直江兼続となることを導くのだ。兼続の御館の乱での活躍は残念ながらほとんど伝えられていない。だが形勢不利だった景勝の逆転の一打となった武田勝頼との和議など、彼が提案した可能性もある。使者が彼だった可能性もないわけではない。幼少期から景勝に付き従っていたこと、この乱の恩賞が兼続の生誕の地でもある坂戸城を根城にする上田衆と呼ばれる地侍らに多く分配されたことから、手柄を立てたことは間違いない。なあに、心配はご無用。彼の名前が表舞台に挙がるのもいよいよ間近なのだから。

●兼続、表舞台に名前を刻む

天正八年（１５８０年）、ついに直江兼続が歴史上の文書に名を連ねる。この年八月十五日付で樋口与六が景勝配下の武士に発行した知行状がそれである。

　これまでも兼続は景勝にとって、君臣の別はあったとはいえ、出身地を同じくし、幼少の頃から共に学び育った信頼できる相談相手だった。養子とは言え、元々春日山にいた謙信の家臣らにとっては外様であった景勝には腹を割って話せる相手が兼続以外にいなかったのだ。しかし景勝の地位が上がり、さらに謙信の後継者となってしまうと、そうそうこれまでのようなわけにはいかなくなった。なぜなら上杉家の公的な執事は他にちゃんと存在しており、もっぱら兼続のみを重用することは彼らへの侮辱につながり、最悪の場合彼らの嫉妬で兼続が亡き者となってしまう可能性さえあった。

　景勝の偉かったのは、ここで事を焦らなかったところである。景勝は兼続にまずはメッセンジャーの仕事をやらせたのだ。奏者のように取次ぎをする職務を与えたのである。これならば家臣からも特に不満はない。

　そして徐々に奉行仕事を任せていった。この時代の上杉家はまだまだ戦場に立っての仕事の方が出世の機会は多かった。だから奉行や代官の仕事を兼続が担当することにも特に旧来からの年配の家臣らから抵抗はなかった。

　だがそこから上の執事職、執政を担当させるのはいくらなんでも無理があった。そんな出世をさせたら兼続の命が危ない。殿の寵愛を受けて異例の出世を遂げた者というのは、権勢をほしいままにできる代わりに、常に家臣らからの嫉妬の対象となる。

まして大義名分を重んじる上杉家を相続したばかりの景勝だっただけに安易な公私混同は避けねばならなかった。とりあえず奏者をさせておくことで兼続との接点は確保できていた。兼続が使者として景勝の元を訪れた折に、政治や軍事について二人は私的に意見を交わすことができた。焦ってはいけない、公的にも兼続を執事に据えるチャンスは必ずあるはずと景勝はそのときを待った。そしてそのときは意外に早く訪れたのだった。

●名門直江家を相続

天正九年（１５８１年）上杉家（長尾家）代々の家臣である長尾《ながお》（直江）信綱《のぶつな》が、御館の乱の恩賞をめぐる家臣同士の争いに巻き込まれて殺害されてしまった。信綱にとっては責任のない不幸な死だった。その状況を少し語ろう。

景虎方から景勝方に寝返った毛利秀広《もうりひでひろ》という武将がいた。この武将は武田家との折衝役（交渉役）を務めるなどしたのだが、恩賞がなかった。そこで恩賞について景勝に提案していた山崎秀仙《やまざきひでのり》（しゅうせん）という者に恨みを抱いていた。「やつが俺の手柄をないがしろにしている」と。毛利秀広は春日山城において山崎秀仙を襲った。運の悪いことにそこにたまたま同席していたのが信綱だった。秀広を抑えようとした彼は巻き沿いで命を落としてしまったのである。

信綱の直江家は代々上杉家（長尾家）を支えてきた大切な家だった。しかし死んだ信綱にはこの時点で世子がいなかった。そこで直江家の家名を惜しみ断絶を避けるために、主君である上杉景勝は一計を立てた。信綱の未亡人となったお船《せん》の方の再婚相手に樋口与六（もちろん我らの直江兼続だ）を指名したのである。もちろん与六にことわる理由はない。主君の命令をことわれるわけもない。与六はお船の方と婚姻し、名門直江家の当主となり直江家を相続することになった。兼続という名も与えられ、ここについに直江兼続が歴史に登場するのである。兼続は直江家代々の居城である与《よ》板《いた》城（現在の新潟県長岡市にあった）を居城とし、ついに城主になったのであった。

景勝にとってこれは一石二鳥だった。表向きには上杉家を支える名門直江家の存続を図ることができた。これももちろん大切だったのだが、むしろ景勝の狙いは別なところにあった。ついに兼続に家格を備えさせることができたのだ。兼続が直江家の武将となった以上、その家格にふさわしい仕事を与えるのは当然のことだった。したがってこの兼続の直江家相続により景勝は堂々と彼を取り立てることができるようになったのである。そして兼続もまたこれまでのように影の知恵袋として景勝に意見を奏するだけでなく、表向きにも堂々と考えを述べることができるようになったのだ。

思えばこの時期まで兼続が独身であって他家の養子になっていなかったこと、なおかつこの年回りであったことはとてつもなく幸運なことだった。だからこそ直江家を無理なく相続できたのだから。

●賢妻、お船の方

このとき兼続は初婚、それに対して、お船の方は当然再婚である。年齢もお船の方の方が三歳年上の姉さん女房。年上の女房は金のわらじをはいてでも探せなどと昔の人は言ったものだけれど、実際このお船の方はかなり出来た女性だった。兼続も彼女のことを非常に大切にした。彼は生涯妾を持たなかった。まさしく「愛」を貫いたのだ。「でもそう言い切るのは早いんじゃない？　あの謙信公の例もあるし」と思ってくださった貴方はこの本をしっかり読んでくださっている方だろう。ご安心召されよ。兼続の方はごく普通の男性。その証拠にお船の方とは一男二女に恵まれている。もっとも残念なことに全員早世してしまってはいるが。兼続はあらゆる運に恵まれた男だったが唯一その点においては気の毒な人だった。

●上杉家存亡の危機

御館の乱の勝利に貢献、名門直江家の相続、一国一城の主たる与板城主の地位、賢妻お船の方との婚姻とよいこと続きだったように思える兼続だったが、実はそうそう浮かれていられる状況でもなかったのだ。

皮肉なことに兼続自身がその恩恵に与かった御館の乱の恩賞問題はその後もくすぶっていたのである。そして乱において損なわれてしまった家臣同士の信頼感も崩壊したままだった。そんな中で兼続が直江家を継いだ同じ年に上杉家にとって重大な危機が発生する。

それが新発田重家《しばたしげいえ》の反乱である。新発田重家は現在の新潟県新発田市から新潟市の阿賀野川流域あたりを根城にした武将だった。名門佐々木源氏の流れを汲んでいたといわれている。彼は謙信に仕えており、御館の乱では景勝に味方し手柄を立てた。ところがだ。景勝は上田衆など自分の故郷の家臣たちへ手厚い恩賞を与えた。

一方で上田衆以外で手柄を立てた家臣については、あまり手厚い報酬が与えられなかった。直江信綱の死の原因となった毛利秀広の怒りもその一例であるのだが、実は新発田重家も同じ目に遭わされていたのだ。彼はかなりの手柄を立てたにもかかわらず、本領安堵《ほんりょうあんど》（元々持っていた領土をそのまま持っていていいという許可）と家督の相続（新発田家の家督は重家が継いでよいということ）を認められただけだった。つまり命懸けで戦ったにもかかわらず、新たな報償は一切なかったということだ。これは新発田重家にとってかなり不条理なことだった。実際重家に景勝へ味方することを勧めた安田顕元《やすだあきもと》などは、重家に対して責任を感じたのか自害までしている。

この新発田重家の不満に乗じたのが、上杉領を虎視眈々《こしたんたん》と狙っていた織田信長である。信長の支援の約束を取り付けた重家は景勝に対して不満のあった諸将も誘い反抗を強めた。

天正十年（１５８２年）上杉軍は重家を討つために立ち上がるが、逆に返り討ちにあってしまう。重家ら新発田勢と戦うだけでも大変だ。何せ重家は御館の乱でも大活躍したほどの武将なのだから。それなのに上杉軍は重家軍だけでなく、彼らを支援するため越中《えっちゅう》（富山）から差し迫ってくる信長配下の重臣、柴田勝家《しばたかついえ》の大軍まで相手にしなければならなくなってしまった。新発田は越後つまり今の新潟の北西、山形県境に近いところにある。一方越中富山はそのちょうど反対側に当たる。上杉軍は両方面に敵を抱えてしまったのだ。

さらに悪いことに盟友であり妻の兄でもあるあの武田勝頼の武田家が滅ぼされてしまった。御館の乱で北条家を敵に回してしまったことで、武田家は四方を敵に囲まれる形になってしまっていたのだ。武田家はそんな状況で信長軍の侵攻を支えきれず滅亡してしまった。部下に次々と見限られた勝頼（景勝の義兄にもあたる）の最後は逃亡に疲れ果て、もはやこれまでと決めての自害だった。享年三十七。あの名門武田氏の最期としてはあまりにもさみしすぎる最期だった。

この武田氏の滅亡は上杉軍にとって致命傷に近いものだった。武田家は上杉軍にとって、弱体化したとはいえ貴重な同盟軍だった。それに何より織田軍をはじめとする諸将の南からの攻撃への堤防となっていたのが武田の存在であり、義兄勝頼の存在だったのだ。武田の滅亡により今度は堤防を失った上杉軍が三方を敵に囲まれることになる。そしてそれはたった今、目の前で滅亡した武田家がたどった道と同じ道だったのだ。

●兼続の立場

こんな大変な状況の中で上杉景勝が頼りにしたのはやはり直江兼続だった。上杉家中が一枚岩でないこの時期、御館の乱を除いて満足な戦の経験も持たない若き景勝は、絶対の信用をおくことができ、戦術にも精通していた兼続を参謀として、手元に置いておきたかったのである。その関係は多方面へ派遣される配下の諸将から嫉妬を受けるほどだった。

景勝や景虎以前に謙信の猶子となっていた上条政繁もその一人である。彼もまた景勝からの強い信頼を受けている重臣であった。だが彼をはじめとして重臣らは最前線に近い支城の守りを固めるために、比較的景勝とは地理的に離れたところに置かれることとなった。

そのため、戦場においても春日山城においても、常に側に控えており、タイムラグなしに相談できる兼続の重要性は景勝にとってますます大きくなった。また家臣らも兼続を通して景勝に言付けをしているうちに、兼続の仕事の速さ、的確さに気がつき、自然に兼続は上杉家執事として受け入れられていくのであった。

実はこの時期の景勝にはもう一人の執事候補がいた。狩野秀治《かのうひではる》という。彼は兼続より若干早く景勝の執事役となっていた。ところが狩野秀治は病弱であった。したがって景勝と共に参陣し、陣中で戦局を見つめながら、軍師として作戦を提案したりすることはできなかった。

上杉景勝（上杉神社所蔵）

急を要する場で頼ることができる兼続と、信頼は置け、仕事も無難にこなすが、現場には連れて行くことができない秀治。自ずと兼続のほうが景勝に重んじられるようになっていった。また景勝もやはり兼続と馬が合ったのだろう。景勝は狩野秀治には他の重臣の後見役だの、対外折衝などを申し付けるようになる。こうして秀治が景勝の側にいる向きは減っていった。後に景勝は秀吉と手を結ぶために使者を派遣するのだが、この使者が秀治だった。秀治はそのときを境に上杉家の記録に登場しなくなってしまう。彼は病弱であったので派遣先で亡くなってしまったのかもしれない。もしかしたら上方（京・大坂）に上った折、秀吉や他の大名に声をかけられ、逐電《ちくでん》（仕える家を逃げ出してしまうこと）してしまった可能性もある。

とは言え、秀吉との外交において秀治が上杉家のためになした偉業は、兼続に勝るとも劣らないものである。だがこれが秀治にとって上杉家への最後のご奉公となる。そしてこれ以後はいよいよ政務は兼続の独壇場となり、上杉家の政務は景勝と兼続の二頭政治体制へと進んでいく。

第二章

本能寺の変と豊臣秀吉

ついに、その名前を歴史に刻んだ直江兼続。しかし、その行く手には、四方を敵に囲まれた上杉家の過酷な運命が待っていた。その時……。戦国時代を大きく変える事件が起こる。

●越中出陣、そして放棄。兼続悲痛の伝令

景勝は越中（富山県）に出陣した。越中における上杉家の拠点である魚津城（魚津市）は越後国境に近い。ここは何とか死守しなければならなかった。魚津城に詰める上杉方の諸将からも兼続宛てに景勝の出陣を願う書状が届けられていた。その悲願に応えての出陣だった。

ところがいざ出陣、そして魚津城の近くの天神山に陣を構えた兼続と景勝が目にしたのは圧倒的な人数を誇る織田勢の姿だった。魚津城に近づくこともできない。

そこへさらにとんでもない知らせが舞い込む。信濃方面からも信長軍が侵攻を開始したというのだ。信長は武田家を滅亡させた功労者（信長側からすればこういう表現になる）である森長可《もりながよし》に信濃方面から越後を衝《つ》くように命じたのである。武田家滅亡時の不安が的中してしまったのだ。これは上杉軍にとってとんでもない脅威だった。なにせ信濃から妙高を経て越後に抜けるルートは、そのまま上杉軍の本拠地である春日山城に直結している。留守の間に本拠地を攻められたらひとたまりもない。

もはや躊躇《ちゅうちょ》している場合ではなかった。兼続は景勝に引き揚げることを進言し、景勝は急遽《きゅうきょ》春日山城に戻ることとなった。越中は放棄するしかない。兼続は魚津城に籠《ろう》城《じょう》する諸将に降伏撤退を勧めるが、彼らは断固として拒否。武士らしく最後まで戦う

と言った。兼続は彼らの武士としての意気を覆《くつがえ》させることができなかった。魚津城内で十三人の将が自害したのはそれから間もなくのことだった。

●風前の灯の上杉軍、しかし奇跡が

春日山の西に柴田勝家の大軍、東には戦上手の新発田重家、南からは武田家を滅ぼし二十万石を賜《たまわ》り意気盛んな森長可。もはや上杉軍は風前《ふうぜん》の灯《ともしび》だった。そしてさらにやはり武田討伐の功績で上野《こうづけ》（今の群馬県）を与えられていた信長配下の滝川一益《たきがわかずます》が残っていた。彼が三国峠を越えて越後侵攻を開始したら防ぎきれるものではない。滝川一益は背後に北条を抱えていたから、易々とは出陣できないだろうとの希望は持てる。しかしそれはあくまでも希望でしかないのだ。

●その奇跡の名は

だが、ここで上杉軍を奇跡が救った。その奇跡のヒントは天正十年という年号にある。天正十年と言われてピンと来ない人でも、１５８２年と言われれば、学校で習ったあの語呂あわせを思い出すのではないだろうか。そう、本能寺の変が勃発《ぼっぱつ》したのだ。京都の本能寺にわずかな手勢のみを引き連れて滞在していた信長を、信長配下の武将明智光秀が襲撃、信長を自害に追い込んだあの事件である。

このとき既に織田信長による全国統一は八割方終わっていた。大きな敵はもはや片手で数えられるほどしかいなかった。信長配下の主な武将は各地に散らばっていた。四国の長宗我部《ちょうそかべ》氏を討伐するための部隊は大坂に集結し瀬戸内海を渡ろうとしていた。あの羽柴秀吉は中国の大大名毛利氏攻めの真っ最中だった。秀吉は毛利の前線基地の備中《びっちゅう》高松城をかの有名な水攻めで落城寸前にまで追い込んでいた。明智光秀の部隊はこれを援護する予定だったのである。予期せぬ光秀の謀反によって信長はあっけなく享年四十九で人生の幕を閉じた。人間五十年と謡《うた》った信長のまさにその通りの生涯だった。

絶対的なカリスマである信長を失った織田家の武将たちの中には羽柴秀吉のように、この突然のアクシデントに瞬時に対応し、行動できた者もいた。が、それはむしろ例外であって、ほとんどの武将たちは混乱をきたした。当然のように越後侵攻は中止となる。上杉攻めに加担していた諸将が遠征に出ていられたのも信長の軍事力という担保《たんぽ》があってこそだった。それがなければ留守中の領国が危ない。森長可にしろ、滝川一益にしろ、そもそも新しく領国を賜って、領地においての政治は始めたばかり。新領地内には、かつての国主を慕《した》う者やその残党もまだ大勢いた。森長可は新しい領国の信濃を捨て、東美濃《ひがしみの》（岐阜県）まで逃げた。そしてこの地域を統一するのだが、これは賢明な動きだったろう。滝川一益などは、本能寺の変のことを知った北条軍から襲撃を受け、賜ったばかりの領国である上野を放棄したばかりか、信長の後継者を決める清洲《きよす》会議にも参加できず、地位も石高も大きく失してしまった。

こうしてまるで元寇の折の日本軍のような奇跡に見舞われて、なんとか上杉家は存亡の危機を免《まぬが》れた。ただし越中魚津城の陥落などにより上杉家の武将の戦没者は少なくなく、建て直しには時間を要することになる。またこの混乱のきっかけを招いた新発田重家を討ち破り再び越後を統一するのは、実に天正十五年（１５８７年）のことで、このあとさらに五年の歳月を待つことになる。

●信濃をめぐる攻防

信長の死後、旧武田領は実質空き地状態となった。甲斐（山梨県）と信濃（長野県）と上野（群馬県）の広大な地だ。ここに目をつけたのは、南の駿河（静岡県）を領有していた徳川家康、東の関東の覇者北条氏政、そしてもちろん北は越後の上杉景勝の三者だった。この武田旧領をめぐっての三つ巴《みどもえ》の争いが起きる。天正壬午《てんしょうじんご》の乱なども呼ばれている戦だ。

滝川一益を追い払った勢いで、上州と信濃との国境である碓氷《うすい》峠を越えて佐久（長野県）まで攻め入ってきた北条軍と、森長可を追走し、信濃に進駐した上杉軍は、あの川中島で対峙《たいじ》する。しかし背後に迫る徳川の脅威を感じた北条軍の司令官氏直は景勝との和睦を選択する。これによって上杉景勝は北信濃を手中に収めることができた。

この一連の攻防の中で曲者《くせもの》的な動きを見せたのが真田昌幸だ。上田を中心とする北信濃の地に強い愛着を持つ彼はこの時期北条の支配下に入る。しかし念願の北信濃をほぼ自力で取り込むと、今度は徳川に寝返る。ところがところが、その徳川は北条と和睦を結んだ。上野は北条が、信濃は徳川が治めるという条件である。この頭越しの自分をないがしろにした外交に昌幸は憤《いきどお》った。自分が切り開いた領地を奪われてしまう恐れも感じていた。彼はなんと景勝に接近する。景勝の支援を受けて上田城に籠もった昌幸は家康軍の攻撃をも跳ね返している。なんてことはない。北条、徳川、そして最後に上杉と、旧武田領をめぐる争いを繰り広げた三大名を手玉にとって、見事に自領を守り抜いてしまった。後に関ヶ原においても彼は息子の信繁（幸村）と共に、この上田城で家康の息子である秀忠《ひでただ》の大軍を足止めさせている。昌幸は、兼続とは、まったく違ったタイプの軍師だった。どちらも力任せの戦ではなく、外交や交渉を重んじている。けれど兼続は、上杉家や主君景勝の意向もあって、義の範囲内での策略にとどまっている。それに対して昌幸は自領を守るためなら、主君を何度も変えることも、寝返ることも辞さない。卑劣な印象もある。だが彼は決して大大名ではない。強大な戦力を誇る他家とわずかな戦力で渡り合うには、これくらいの権謀術数《けんぼうじゅっすう》も必要だっただろう。所領では善政を敷いていたという。彼もまた兼続とは違うタイプではあるが、あっぱれな武将と言えよう。

景勝は北条との和睦を果たすことができた。北信濃には真田昌幸という堤防もある。北条は背後に徳川がいて安易には北へは動いてこられない。一時的に後顧の憂いがなくなった景勝は、兼続と共に再び新発田重家攻略に挑む。だが新発田重家は片手間で疲れ切った軍で勝てるような相手ではなかった。勢力自体は決して大きくはなかったが、豪の者が揃っていたのだ。戦局は思うようにならなかった。兼続は景勝に撤退を提案し、景勝はそれを受け入れた。

兼続は景勝と共に陣中にいた。既にこの頃には謙信以来の家臣ですら、景勝に対しての陳情や提案などをしたいときは、兼続に取り次いでもらわねばならなくなっていた。このときは狩野秀治もまだ存命中だったが、病弱の彼は滞陣できない。主に春日山城内で政務や外交に携《たずさ》わっていた。電話やメールなどないこの時代、一々書状のやり取りをしなければ意見を聞くことができなかった秀治よりも、その場ですぐに相談できた兼続が景勝に重んじられたのは当然と言えば当然と言えよう。

●兼続、山城守《やましろのかみ》に

翌天正十一年（1583年）も、景勝は新発田攻略の兵を二度挙げるが失敗している。しかしこの年、上杉家の運命を切り開くような外交上の方針変更がなされた。もちろんそれは景勝の側近となっていた直江兼続の情報収集力と先を読む力の賜物《たまもの》だったのだ。

この年、兼続は景勝から山城守に任ぜられている。「山城守」のような官位は本来朝廷によって任じられるものだった。それぞれの官位にはそれにふさわしい家格が定められていた。しかしこの頃は戦国期の混乱で各地の大名が自称したり、あるいは大名が勝手に家臣に授けたりしたことさえあった。この直江兼続の山城守も、そうした勝手に授けられた官位のひとつだった。とはいえ、上杉家の執政にふさわしいようにとの景勝の心配りがここから読み取れる。狩野秀治の病が悪化し、上杉家執政としての直江兼続の責任はさらに増していた。

●秀吉、信長の後継者へ

ほんの少し中央の流れに話題を移す。この頃、羽柴秀吉はまさに信長の後継者となるためにあらゆる手を尽くしていた。秀吉は織田家の一家臣に過ぎないのだから、黙っていては後継者になれない。彼が後継者になるためには実はかなりの苦労があったのだ。本能寺の変の結果、織田信長と共に後継者だった長男信忠《のぶただ》も亡くなっていた。だが、次男の信雄《のぶかつ》と三男の信孝《のぶたか》、それに長男信忠の忘れ形見であるまだ幼児の三法師《さんぼうし》(秀信)が生き残っていた。秀吉にとって幸いだったのは信雄と信孝が兄弟とは言っても腹違い（母親が違う）で、二人の仲が悪かったことだ。秀吉はまず二人のうち与しやすい信雄に近づいた。そして信長の後継者を決める織田家の家臣団の会議（清洲会議）で、「長男信忠の子供、三法師こそが後継ぎにふさわしい」と主張した。「よりによって何で子供？」と疑問に思ってしまうだろうが、三法師は直系なのだから筋は通っている。しかもこの三法師の後見人に信雄を推したのだ。この作戦は成功し、一旦この提案が受け入れられた。不満に思ったのは柴田勝家と三男信孝である。当然この二人は手を組んだ。そして必然的な流れで「秀吉―信雄―三法師」対「柴田勝家―信孝」の戦が起きるのである。

当初は勝家―信孝側が優勢だった。しかし秀吉は、勝家が領国である越前《えちぜん》（福井県）に戻り雪に閉ざされてしまうと、このタイミングを最大限に利用した。信孝を挑発した挙句《あげく》、挑発に乗って秀吉に手を出した信孝を降伏させてしまったのだ。これに対し領国の伊勢に戻っていたあの滝川一益が秀吉に対して挙兵したが、秀吉はこれを難なく討ち破った。こうした事態に、越前北《きた》の庄《しょう》城で雪のため足止めを喰らっていた柴田勝家はようやく動き出した。

●上杉、秀吉に手を貸す

さあ、ここで景勝と兼続の出番がやってくる。彼らは秀吉と手を結び、柴田側の武将で越中富山にいた佐々成政《さっさなりまさ》を牽制《けんせい》したのだった。佐々成政は柴田勝家と共に、あの信長存命中に越中戦線で兼続と景勝を散々苦しめていた男だ。兼続にとっても景勝にとっても渡りに船だった。このとき秀吉からは出陣の要請を受けていた。だが新発田勢など後顧の憂いがあり、戦いに参加することまではできなかった。とはいえ、景勝が睨《にら》みを利かせたことで、佐々成政もまた動けず、彼も上杉軍が気になって柴田勝家と行動を共にすることができなかったのだ。

●賤《しず》ヶ岳《がたけ》の合戦

秀吉軍と勝家軍は近江（滋賀県）の賤ヶ岳付近で対峙する。柴田勝家の側には佐々成政の不参加という不利があった。その一方で秀吉には加藤清正や福島正則《ふくしままさのり》ら子飼いの武将がいた。彼らは後に賤ヶ岳の七本槍《しちほんやり》と呼ばれるほどの大活躍を遂げる。これが賤ヶ岳の合戦だ。これにより秀吉は信長の後継者としての地位をほぼ確実にした。だが、それは同時に同盟関係だった秀吉と景勝の関係が、主君と家臣の関係に変わることも意味していた。同盟軍である秀吉の躍進は上杉勢にとっても頼もしいものだったが、秀吉の力があまりに強くなりすぎたために、もはや同盟とは言えなくなるほど戦力に差がついてしまったのである。

●小牧《こまき》・長久手《ながくて》の合戦

天正十二年（１５８４年）、秀吉は、ほぼ一年を小牧・長久手の戦に費やしている。柴田勝家を滅ぼした秀吉は、信長の後継者となるための最後の障害である信長の次男信雄と徳川家康の連合軍を相手に戦ったのだ。秀吉はまず信雄を挑発した。この挑発に信雄が乗ってしまう。戦の口実を得た秀吉は信雄討伐の出兵をした。信雄は慌てて家康に援護を求める。こうして小牧・長久手の合戦が始まった

●兼続、老練な重家に手を焼く

このとき出陣できなかったことは、一時的にだが秀吉の疑いと怒りを買った。後に秀吉の疑いと怒りを解くことができたのは、秀吉の奉行石田三成の働きかけのおかげだった。後に兼続と三成は信頼関係で結ばれるが、その芽はこんなところにもあったのである。

このときも兼続を通し、景勝は秀吉から佐々成政の牽制による後方攪乱《かくらん》を依頼されていた。しかし上杉軍はたいしたことはできなかった。なぜならあの新発田攻めに手こずっていたからである。この年の新発田攻めには兼続が自ら部隊を指揮し乗り込んだのだ。しかし兼続は逆襲に遭い、大損害を被って引き返さざるを得なかった。弱冠

二十五歳、まだまだ兼続の戦場における指揮は百戦錬磨の新発田重家には敵わなかったのである。

●秀吉も大苦戦

話を秀吉に戻そう。秀吉はこのあと兼続にとって大きな影響を及ぼす人物なのだから。家康の出陣後しばらくは小競り合いが続く。そして約一ヵ月後ようやく秀吉が着陣。しかしこのときには双方がしっかり陣を固めており、膠着状態が続いた。その後子飼いの武将の活躍で家康軍が優勢になる。この一連の流れの中で秀吉軍はあの森長可の討ち死にや滝川一益の大敗（責任を取り出家）、さらに秀吉の妻の生家である木下一族の面々の戦死など散々な目にあっている。

このとき秀吉は家康への苦手意識をつくってしまった。家康には表向きでは偉そうにできても、裏ではひたすら気を遣わねばならない状況をうみだした。このことは後の関ヶ原につながる。秀吉が家康に完勝していれば、あるいは、ある程度優位な状態で和睦をしていれば、家康は秀吉による全国統一後早い段階で勢力を削られていただろう。そうなればあの直江兼続をここまで有名にせしめた直江状も当然なかった。上杉家が大幅に石高を削られることもなかったのである。逆に家康は野戦の名手であるとの評価を勝ち取る。実は後に徳川譜代の間では「天下を取ったのは関が原にあらず、小牧・長久手にあり」と言われていた。秀吉は戦においては家康には勝つことができなかったのである。余談だが家康は野戦の名人であるとは言われていたけれど、苦手な戦もあった。それが城攻めだ。その一方で秀吉は野戦下手と陰口を聞かれることもあったらしいが、城を落とすことに関しては天才と呼ばれた。このあたりの二人の違いもなんとなく面白い。

完全に家康優勢の戦だった。秀吉は途中で大坂に帰ってしまった。ところが秀吉の怖さはここから先にある。戦術においてひけをとっても、戦略において勝るのが秀吉という男なのだ。

秀吉は留守になっていた信雄の領地である伊勢を別働隊《べつどうたい》に襲撃させた。そして伊勢をほぼ掌中《しょうちゅう》に収めてしまったのだ。これには信雄は大慌てする。そしてこともあろうに、自分のために戦ってくれている家康に黙って勝手に単独で秀吉と和解してしまうのだ。もちろん秀吉に有利で信雄に不利な条件であったことは言うまでもない。この時点で信雄の信長後継者への芽は完全に絶たれた。

一方家康も、元々信雄を援護するための戦であったため、当の信雄が秀吉と和解してしまっては、もはや戦の大義名分が成り立たなくなってしまった。後日家康も秀吉と和議を取り交わす。こうして秀吉はついに信長の後継者となった。

●兼続の先見性、上杉家の勢いを取り戻す

秀吉の勝利は同時に兼続の勝利でもあり、上杉家の勝利でもあった。数多かった信長の後継候補の中から見事に秀吉を見込み、恩義を売っておくことができた。このときに恩を売っておいたおかげで、後に秀吉の全国統一後も上杉家は他の大名に比べ、かなり優遇されることになるのだ。

同盟関係から主君と家臣の関係に格下げにはなってしまう。だが兼続は若かった。五歳年長の景勝でさえ、秀吉から見れば年齢的にも経験的にも若輩者だった。景勝には天下を狙う野心などなかったし、兼続はもちろん自分の野心のために主君景勝の地位を利用するような男ではなかった。そんな二人にとって秀吉の側にいち早くついたことは大正解だったのだ。もちろん秀吉からの働きかけもあったわけで、兼続もまっさらな状態から秀吉を選択したわけではなかったことは差し引いておかねばならないだろう。この時点での兼続にはそこまでの凄みはない。逆に言えば兼続は秀吉からこれから大いに外交術や人心掌握術を学んでいくのである。

信長の武将達に包囲され、滅亡寸前だった上杉家は武田家のように滅びることはなく、本能寺の変で転がってきた幸運を見事につかんだのだった。

●秀吉は天下人に、完全なる地方分権時代終焉《しゅうえん》の予感

明けて天正十三年（1585年）も、まずは秀吉の話題から入らざるを得ない。もはや京・大坂から遠く離れた越後の地といえども自国や隣国、周辺ばかりに目を配っていればよい時代ではなくなってしまっていたのだ。このあと江戸時代に入っても、藩ごとに政治を行うという地方分権は続く。しかし地方分権とはいえ、常に幕府の顔色を窺《うかが》いながら領国を経営せねばならないのであり、戦国期のように自由な領国経営はもはや大名にはできなかった。その流れは秀吉による全国統一の段階から既に始まっていた。新たな武家統一政権の完成はすぐそこまで迫っていたのである。

この年秀吉は朝廷から正二位《せいにい》内大臣に叙任《じょにん》される。叙任というのはこれから何度も出てくる大切な言葉なのでここで押さえておこう。「正二位」のような「位」を朝廷から受け賜ることを「叙せられる」という。そして「内大臣」のような「役職」を仰せつかることを「任ぜられる」という。この両方をあわせて「叙任される」（朝廷の側からすれば「叙任する」）となるのだ。前年末に従三位《じゅさんい》に叙せられてから、わずか数ヶ月での超スピード出世だった。この時点で武家の中でこれ以上の官位を持つ者はいない。少なくとも形式において秀吉は武家の頂点に立ったのであった。

この後秀吉は四国征伐にも成功し、ついには人臣《じんしん》として（天皇以外で）最高位の関

白に任ぜられる。関白は天皇に代わって執政を行うという重要な職で、従来は藤原氏の流れを汲む五摂家《ごせっけ》と呼ばれる近衛《このえ》・九条《くじょう》・二条《にじょう》・一条《いちじょう》・鷹司《たかつかさ》の出身者のみが就くことができた。秀吉はこの五摂家のうちの近衛と二条の言い争いに割って入り、自らが近衛前久《このえさきひさ》の養子となることで関白に就く資格を得たのである。

●兼続と真田幸村が夢の対談？

既にお話ししたが、この時期上杉家は一時的にある武将を支配下に置いた。さあ、思い出していただこう。ヒントは「北条・徳川経由、上杉行き」。

そう、正解は真田昌幸。もと武田の家臣、あの信玄の近習《きんじゅう》だった男だ。信玄の没後、そのまま勝頼に仕えたが、そこから滝川一益の元へ身を寄せる。その後の流れは既にお話しし、ヒントでも触れたとおり。

さあ、ここからがわくわくする夢のお話。夢と言ってもまったくの夢ではない。こんなこともあったかもというレベルのお話だ。

上杉の支援を受けるに当たって、昌幸は上杉家に人質を差し出していた。次男真田信繁である。「え？　それだあれ？」と質問したくなる人も少なくないだろう。ここでまた少し回り道をする。猿飛佐助《さるとびさすけ》や霧隠才蔵《きりがくれさいぞう》という名前を聞いたことはないだろうか。彼らが登場する『真田十勇士』という講談話や、大坂冬の陣、夏の陣での孤軍奮闘ぶりで人気が高い真田幸村こそ、真田昌幸の次男信繁なのである。ちなみに史料では信繁が幸村と名乗ったことは確認できず、幸村の名は講談本（今で言えばマンガやライトノベルのようなものだ）の中でしか出てこない。とはいえ幸村の「幸」の字が父である昌幸の「幸」であることを思うと幸村を実際に名乗った可能性もなくはない。「信繁」と言えば同名に信玄の弟で武田家の重臣であった武田信繁もいる。真田家は武田家の家臣だった。家臣の家柄で主君とまったく同じ名前を名乗れたかというとやや疑問は残る。もっとも真田信繁の元服時には武田信繁は既に亡くなっていた。断絶してしまった旧主家をしのんでの命名だったのかもしれない。とりあえず名前についての話はメインではないので、ここでは真田信繁で表記することにして話を先に進めたい。

真田信繁は人質として上杉家に預けられていた。ということは、もしかしたら兼続と信繁は出会っていたかもしれないわけだ。ちなみに兼続は二十六、一方信繁はおそらく二十歳。知勇義を兼ね備えた武将として有名で、大名未満であるにもかかわらず人気が高い二人。この二人がもし兄弟のように接していたら、日ノ本の国の将来や太平の世を築く壮大な夢を語り合っていたら。残念ながらそうした記録は残っていない。だが二人の対談が私的なものなら記録に残っていないのも不自然ではない。ここは一つ、男気溢れる二人の若き武将が粋に酒を酌み交わしつつ将来を語り合う姿を想像してみたい。

●佐々成政討伐

話を史実に戻す。この年八月、秀吉の命で兼続は主君景勝と共に越中富山の佐々成政討伐軍に参加している。あの秀吉と柴田勝家が争った賤ヶ岳の合戦で、兼続と景勝によって足止めを喰わされ参戦できなかった佐々成政である。こう聞くとたいしたことのない人物に思えてしまう。だが彼も実はなかなかの剛の者だ。秀吉と織田信雄・家康連合軍とのあの小牧・長久手の戦の折も佐々成政は信雄・家康方で参戦し、秀吉方の前田利家、さらには景勝を相手に粘りを見せている。

●さらさら越え

佐々成政の性格を知ることができるエピソードとして、スゴイ話がある。これは紹介せねばならないだろう。既にご存知のように、小牧・長久手の合戦では最終的に秀吉と信雄・家康は和議を結んで戦を終えた。実は佐々成政はこのとき、なんと浜松に戻った家康の元へ「秀吉に屈する事なかれ、共に織田家再興《さいこう》を図ろう」と進言するのである。いやここまではごく普通のことだ。別におかしくはない。問題はそのための手段である。もちろんこの時代だからメールも電話も郵便もない。書状をもった使者が向かうのが一般的だった。ところがである。なんとなんと、この成政はそれでは家康の心を打つことができないと考え自らが家康の下へ足を運ぶのである。「でも馬もあるんだし」と思うあなたは認識が甘い。日本地図を見ていただきたい。成政の領地は富山である。一方家康は浜松にいる。みなさんだったらどんなルートを取られるだろう。試みに高速道路のルート検索をしてみた。北陸道でチューリップで有名な小矢《お や》部砺波《べ と なみ》に向かう。そこから東海北陸自動車道、東海環状自動車道という道路で南下。豊田から太平洋沿いに浜松に向かうルートが検索された。ちなみに鉄道でもやってみると、こちらは一旦西へ向かい金沢・福井へ。そこから滋賀県琵琶湖の東岸沿いを南下。滋賀県の米原から新幹線で浜松までの路線が表示された。参考までに高速だと三百四十キロほど、鉄道だと四百二十キロほどの行程だ。もちろんこれは高速道路や鉄道がある現代のこと。でも、実は当時も理想のルートにそう大差はなかった。直線ルートは取れなかったのだ。なぜならば北アルプスが存在しているからである。

ところがだ、なんと成政はこの北アルプス越えをやってのけたのである。しかも時期は真冬。そして恐るべきことにこれは史料にも明記されているれっきとした史実なのである。

これより数百年後幕末に天狗党《てんぐ》の反乱という事件があった。水戸の尊皇攘夷《そんのうじょうい》派藩士らの反乱だ。これがおそらく日本史上に残る最も過酷な行軍なのではないかと思うのだが、成政一行の旅はまさにこれに匹敵するほど過酷なものだった。成政の「さらさら越え」として知られるエピソードである。

●成政、降伏

これだけの苦労にもかかわらず、家康は成政の誘いには乗らなかった。成政のこの日本登山史上に残るほどの快挙は実を結ばなかったのだ。成政はこれほどの男だった。織田家への忠義に篤《あつ》かった（秀吉が嫌いなだけだった可能性もないわけではない）。そんな成政の籠《こも》る富山城を取り囲む秀吉の軍勢は諸将あわせて十万を超えた。しかも取り囲む武将の中にはほかならない信長の次男である信雄もいた。さすがの成政も、もはや疲れ果てていた。成政は戦わずして降伏した。成政はこのときは助命を許されている。後に肥後《ひご》（熊本県）も与えられる。だが、領地での一揆《いっき》の勃発の責任を取らされ切腹を申し付けられている。戦国の男の悲しい生き様である。

●兼続、ついに秀吉に拝謁する

この富山の役《えき》のあと、ついに兼続は景勝に従い秀吉にまみえることになる。場所は越後と越中の国境にある親不知《おやしらず》という山の近くに築かれた落水城《おちみず》だった（別名を墜水城または勝山城）。このとき秀吉に同行していたのが、関が原の主役であり、後に兼続の盟友となるあの石田三成である。このとき、秀吉四十九、景勝三十一、そして兼続と三成はともに二十六歳の青年だった。

講談や伝承では、このときの秀吉はわずかの供回りの者だけを従えて、いきなりやってきたという（いわゆるアポなし）。

秀吉がわずかな供回りを連れてやってきていることが報告された。景勝の元に家臣が集まる。家臣の一人は景勝に「ここで殺してしまいましょう」と提案した。すると景勝が兼続の方へ顔を向ける。兼続は心得たとばかりに首を縦に動かすと寡黙な景勝に代わって彼の心情を代弁した。「馬鹿なことを言うな。丸腰でやってきた者を討っては武士の名折れだ。上杉家は義を尊ぶ家柄だ。それでは義が成り立たない」。こうして家臣は一喝され、秀吉は手厚くもてなされるのである。

あくまでも講談話である。これを証明する史料はない。だが、それに近いことはあったとしても不思議でもなんでもない。なぜなら秀吉は後に家康と対面する折に同じようなことをやっているのだ。公式に主君と家臣として対面する前日に、お忍びで宿にいる家康をいきなり見舞った。秀吉というのは相手のプライドを操るのがうまい人だった。だから、大勢の目の前で家臣として扱う前に「わしも他の者らの手前、あのようにふるまわねばならぬけれど、そこもとの御家柄と武勇伝には敬服している。後日はひとつわしの顔を立ててくれるようにお願い申す」とやったわけである。公の場ではないのだから、下手に出ても秀吉の立場は傷つかない。また頼まれた方も、元々秀吉に好意的ならば「あの秀吉様がわざわざ」と感激するだろうし、懐疑《かいぎ》的であっても「なんだ、秀吉はちゃんとわかってるじゃないか」とこれまた悪い印象を崩すだろう。つまりどちらの立場にとってもデメリットはないわけだ。これが秀吉の人心掌握術であり、彼が「人たらし」であると言われた所以《ゆえん》だった。兼続はこうした秀吉の技を学び取っていくのである。

後世の我々は景勝がはじめから秀吉の軍門に降《くだ》ったようにごく自然に考えてしまう。けれどそれは結果論だ。はじめは主君と家臣の関係でなく同盟関係だったのだ。景勝は謙信に比べかなり地味な印象がある。それでも関東の大大名北条に屈しなかった男である。甲斐の武田にも駿河・遠江・三河の勢いのある家康にもひるまなかった男である。そして強力な軍勢で信長配下の武将たちに包囲されたときも、信長の陣門に降らなかった男だ（もっとも本能寺の変がなかったら最終的にはどうなっていたかわからない）。秀吉との立場の差は景勝も気がつかないうちになし崩《くず》し的に積み上げられていったものだった。とすれば諸将の知るところで公的に臣下としての礼をとらせようと思えば、ある程度の根回しは必要だったにちがいない。堕水城の会見に近いことはきっとあったことだろう。

この時、お互いの主君の人物定めをしながら、互いに盟友なるかもしれない噂の男と目線を交わす兼続と三成。わくわくするような名場面だ。どんな会話が交わされたのか、それは我々にはわからない。けれど二人の若き青年武将はお互いが共に天下を語るにふさわしい人物と認識したに違いない。平成の世に盟友であったと伝えられている兼続と三成。しかしそれは友情というよりはむしろ、堅い信頼関係であった。上杉景勝、豊臣秀吉と、共に偉大な主君を仰ぎ、その下で政務を担当する二人はこの後何度もやりとりをするようになる。上杉家が外様であるにもかかわらず秀吉に比較的大事にされたのは何と言っても三成のとりなしによるところが大きい。そして兼続もまたその期待に応えて豊臣家から言い渡される普請を次々にこなしていくのである。

●兼続の策略で新潟城を落とす

秀吉という天下人の後ろ盾を得た上杉家だったが、目の上のタンコブだけはまだどうにもならなかった。あの新発田重家だ。しかし徐々にではあるが、上杉軍にもよい兆しが見えてきた。この年、新発田方の支城である新潟城を落としている。新潟城は現在の新潟市の新潟港の近くに存在したらしい。海に近い城なので、新発田方の海上補給路の確保に大いに役立っていた。逆に上杉軍はここを攻略すれば、海からの新発田城への補給路を断つことができる。兼続はここに目をつけたのだ。兼続は宮島《みやじま》三河《みかわの》守《かみ》らと協力し、上杉家と懇意にしていた地元の商人に協力を要請した。兼続は商船であるかのように仕立てた船に兵や武具をしのばせて上陸させる。もちろん海上からの兵の上陸や武器の荷揚げは、厳しく相手方から詮索されるのが普通だが、偽装して商船に見せていて、しかも商人らが協力していたために、見破られることがなかったのだ。同時に兼続は新潟城内に内通者（裏切り者）がでるよう工作をしていた。これもうまくいく。そして上陸確認後、兼続は城内の内応者と示し合わせ、一気に新潟城を落としてしまったのだった。力任せに近かったこれまでの作戦とは一味違う手法だった。兼続は進化を遂げていたのである。新潟城を落とした勢いに乗って兼続はそのまま近くにあった沼垂《ぬたり》城という砦《とりで》も攻略した。こうした兼続らの活躍により新発田勢の海上からの補給線は断たれた。新発田勢は支援してくれていた会津の蘆名《あしな》氏からの陸路での補給に依存せざるを得なくなった。ついにあの新発田攻略にも糸口がみえてきたのであった。

●はじめての上洛《じょうらく》

この時期、兼続の人生は初めての体験に満ちていた。天正十四年（１５８６年）、兼続は秀吉に招かれた景勝と共に上洛（京に上ること）を果たした。意外なことに兼続にとっても景勝にとってもこれが初めての上洛だった。考えてみれば無理もない。兼続も景勝も御館の乱の勃発以降、旧領を守り、家内を立て直すことにずっと追われてきたのだから。兼続二十七歳、景勝三十二歳にして初めての上洛。当時の首都であり最先端を行く大都市である京、そして大坂の訪問。かなり遅い都会初体験と言えるだろう。

今の時代になぞらえるとこんな感じだろう。新潟の地元では老舗の推しも推されもせぬ大会社の社長と専務が、片や二十代後半、片や三十代になって初めての上京。正直大丈夫なのかと心配さえしてしまう。都会の人混み、めずらしいものや商い。武骨一辺倒で文字通り命懸けで毎日の仕事をこなしてきた専務と社長。常に倒産の危機と戦いながら生活してきた二人にとって、はなやかな大都会はさぞやまぶしかったにちがいない。これが常人ならば都会の魅力に溺れてしまったはずだ。あるいは自分が井の中の蛙であることを認識し、そのプレッシャーで自信を喪失してしまったかもしれない。

けれど、そこはさすがに兼続も景勝も並の人物ではなかった。そのように我を失うこともなく、このあとも領国経営と領土保全そして拡張のための軍事に没頭するのである。

春日山城を出発した一行は進路を西に取る。日本海沿いに進む。北国道《ほっこく》（今の北陸自動車道にほぼ沿っている）で、あの佐々成政との攻防のあった富山を抜け、金沢に入る。金沢で兼続と景勝は二人の大物に出迎えられた、一人は、柴田勝家に代わり北国の雄となったかつての秀吉の僚友前田利家。そしてもう一人は秀吉政権の経理部長（財務大臣）青年官僚石田三成。この二人が秀吉の名代として兼続と景勝を出迎えたのである。金沢から京までの道のりは兼続にとって新鮮なものだった。そして道中、兼続は三成から秀吉に謁見するに当たっての注意事項等を万事つつがなく聞かされる。秀吉の好みや禁句など痒いところに手が届くような指示の数々は、兼続にとって貴重な情報であった。同時に道中的確に情報を伝えてくれた三成に感謝した。そしてまた彼の過不足ない説明にキレを感じたのだった。一方の三成もまた目から鼻へ抜けるように三成の言うことを理解していく兼続に好感を抱いた。三成は秀吉同様頭の回転の速い人物が好きだった。当初越後の田舎官僚かもしれないとさえ感じていたのだが、やはり兼続はタダの男ではなかった。ここで芽生えた信頼関係はさらに強いものになっていく。互いに「あの男に任せておけば間違いない」と思えるほどに。それはそのまま上杉家と豊臣家の強い結びつきを支えたのだった。

●兼続、景勝と共に大坂城へ

五月に越後府中を発った一行は六月に京に入った。そして一週間後ついに大坂に秀吉を訪ねる。完成したばかりの大坂城の威容に兼続も景勝も圧倒された。

兼続の思いを疑似体験してもらうために、回り道ではあるが大坂城についてお話ししよう。大坂城は石山本願寺の跡地に秀吉が築城した天下無双の巨城だった。石山本願寺というのは当時の浄土真宗の本山である。当時の大きな寺院というのはそれ自体が要塞の役目も果たしていた。この点は今の文化的な寺院のイメージとは異なるので注意を要する。当時の仏教勢力は当然のように武装していた。何せ「僧兵」という言葉があったくらいなのだから。だから、戦国時代において仏教勢力というのは戦国大名と同じように、それぞれの地方を制する武装勢力だったと考えていい（いくつかの仏教勢力は既に奈良時代にはある種の圧力団体であったけれど）。実際巨大な宗派は力の弱い大名などよりよほど強大な武力を備えていたし軍事動員力も誇った。石山本願寺などはあの信長を十年以上にわたって苦しめたほどだ。逆に言えば石山本願寺が十年以上にわたってあの信長勢の攻撃に持ちこたえることができたのは、その地の利や強固な石垣のおかげでもあった。だからこそ秀吉は信長の安土の跡地ではなく、この地に城を築いたのである。

●大坂城、兼続と景勝に衝撃を与える

兼続と景勝が招かれた時、秀吉の手による豊臣大坂城はちょうど落成したばかりの頃だった。完全に落成していたわけではなかったかもしれないが、堀も天守もあらかた完成していた。この堀と天守だけで十分だった。兼続にも景勝にもこの堀と天守が

与えた衝撃は半端なものではなかったのだ。なぜなら彼らの頭の中にあった城というものは基本的には一世代前の山城である。春日山城にしろ坂戸城にしろ、立派な城だが、山もしくは丘という自然の地形を生かしたものだ。石垣もあるにはあったけれど、巨大なものではない。兼続も景勝も平城というものは見たことがなかった。あえて言えば彼らの頭の中にある平城というのは、あの御館の乱の折の御館、つまり砦を兼ねた統監府《とうかんふ》のような建物だった。そんな二人が平地に巨大な堀と石垣を築き、壮大な天守を持つ城を見たのである。兼続は改めて秀吉に従うよう進言したことを安堵した。もちろん景勝も同じ気持ちであった。名手は名手の名手たるを知る。先代の威光がつくったプライドなどにすがらず、現状をしっかり認識できたからこそ、彼らはこの後も絶体絶命の危機を何度も乗り越えて生き残ったのだった。兼続と景勝の名誉のために言い添えておく。秀吉との差を生んだのは慢心だとか力量などではない。環境によるものが大きかった。豊かとはいえ当時の最先端地域であった近畿や東海と離れた領国越後。山と海に囲まれた雪国で三方を敵に囲まれた地。

それは強さを養ってくれたが、都会的なセンスや最先端の技術を学ぶにはやはり不向きだったのである。だが、兼続も景勝もただでは転ばなかった。この大坂での衝撃は後に会津へと転封されたとき、米沢への転封後にも、その街づくりに大いに生かされたのだった。

兼続と景勝は秀吉からご自慢の黄金の茶室も見せてもらった。茶会も催され、あの千利休《せんのりきゅう》の手前による茶も振る舞われた。半月あまりの滞在のあと二人は領国越後に帰国した。京・大坂で受けたカルチャーショックは帰路の二人の足取りを重くしたのだろうか、軽くしたのだろうか。後者であると思いたい。いや、きっと後者だったに違いない。なぜなら帰国後の二人による領国経営はさらに積極性を持ったものとなったのだから。

なおこの上洛に際して景勝は従四位下左近衛権少将に叙任された。大名の中でもかなりの高位である。

景勝は殿上人《てんじょうびと》（宮中への昇殿を許される人）となり、公的にも無位無官ではなくなった。地方では有名な大名から、れっきとした中央の官職付けになったのである。記録的には、このことこそ特筆すべきことなのだ。

●帰国

七月に帰国すると息つくまもなく翌月八月には、景勝は兼続に懸案の新発田攻めにとりかかるよう命じる。しかし今回も戦局を大きく動かすには至らなかった。このときは秀吉が配下の奉行、木村清久に命じて新発田重家と景勝の間に和議を成立させるべく調停を行った。しかし条件が折り合わず和議は成立しなかったのだ。こうして新発田重家の問題はまたもや翌年に持ち越されることとなってしまった。

秋には上杉家に上洛への礼状が石田三成や増田長盛など秀吉政権の奉行の名で届いた。こういう書面は上杉家では執事である兼続が主君である景勝に取り次ぐ。兼続も三成もお互いに腹を探り合う必要はなかった。主君名義の書状に添えて互いの近況や近隣諸大名の動きなどの情報のやり取りも行われた。景勝、秀吉の本音もそれぞれを通じてさりげなく伝えられた。景勝と秀吉の円満な関係はこの二人によって構築されていたのだった。

●ついに天敵を打ち滅ぼす。男、新発田重家の見事な最期

そして翌年天正十五年（１５８７年）ついに新発田重家の攻略に成功した。八月に兼続は景勝に従い再び出陣した。このときは一万もの大軍を引き連れての行軍だった。加地城《かじじょう》、赤谷《あかだに》城そして五十公野《いじみの》城といった支城を次々に攻略し、新発田城への補給路を完全に断ったと同時に新発田城を丸裸にすることに成功したのだ。背後からの蘆名氏による重家援護の補給路も遮断した。そして秋までかかってとうとう十月に新発田城を落城させたのである。

重家は変わろうとする時代に乗り遅れた一世代前の武骨ある将だったのではないだろうか。和議のとりなしなども拒絶し、最後は城内で覚悟を決めての宴を催し、「今

生の最期に敵にせめて一太刀浴びせん」と城を取り囲む上杉の軍勢に討ち入り、力が尽きてくると、「もはやこれまで」と城に戻り自刃した。戦下手ではない。数において勝る上杉軍相手に六年持ちこたえたのである。上杉の攻撃にここまで耐えたのは新発田の戦上手の証なのだ。いやそれどころか、同一条件ならば上杉の軍勢に勝っていただろう。後の兼続や景勝ならともかく、まだこの時期の二人には同一条件で新発田重家に勝てるような器量と経験はなかった。兼続や景勝とはタイプは異なるし、地味ではあるが一本気な新発田重家に魅力を感じる人も少なくないはずだ。

この戦勝に際し、兼続は秀吉から祝賀を受け、朱印状を受けている。朱印状というのは文字通り赤いハンコがついてある文書のことである。この新発田に対する戦勝はよほど嬉しかったのか、兼続はあの独眼流として有名な東北の大名伊達政宗にもこのことを伝えている。政宗もまたこれに対し兼続に祝賀の書状を送っている。伊達政宗と直江兼続の間には有名なエピソードがあって、講談の世界では兼続は政宗を小馬鹿にしている。だが実は彼らには友情こそなかったものの、こうした好意的な書面のやり取りは何度も存在し、お互い相手を認めていたのだった。

ちなみに秀吉だがこの年に九州征伐を開始した。また京に聚楽第《じゅらくだい》という大邸宅（実質は平城）を建てている。これに対しても景勝はもちろん兼続も秀吉に書状で祝賀を述べている。あのあわや上杉家滅亡かという危機的状況から、よくぞここまで持ち直したものである。天正十五年は兼続にとって、もちろん主君の景勝にとっても良い年となった。

●兼続、風雅な様を見せる

天正十六年（１５８８年）は兼続にとってほんとうに久しぶりに対外戦争がない平穏な年となった。どれくらい久々なのかと言えばなんとこれが御館の乱以前まで遡らねばならない。要は幼少期以来ということになる。

戦がなかったため、兼続は文化人としての一面を発揮した。この年、漢和連句の会を主催している。漢和連句とは漢詩と日本語を混ぜ合わせて複数で短歌を作るようなもの。その際に最初の「五」を漢詩のように漢字のみで作成、それに対し、別の人物が日本語もしくは漢語で「七」「七」を付け加えるわけだ。

そしてさらにそれを受けて次の漢語での「五」が作られ、またもやそこに「七」「七」が加えられていく。これが漢和連句なのだ。

金小札浅葱糸威二枚胴具足（上杉神社所蔵）

武士と聞くと武骨一色、今で言えば高校からスポーツ特待生、大学もスポーツ推薦

金小札浅葱糸威二枚胴具足（きんこざねあさぎいとおどしにまいどうぐそく）

で入学し、そのままプロ選手になった超体育会系一辺倒人間のようなイメージを抱かれる人もいるかもしれない。だが、この時代に人の上に立つ武士は剣や槍、兵法に明るいだけでなく、文化的なたしなみができることも要求されていた。あのろくに漢字が書けなかったと噂された秀吉ですら茶の湯などをたしなんでいる。自分たちの文化を築き上げ、その権威を持って社会を支配していた公家たちへの、抵抗もあっただろう。それくらいのことは俺たちでもできると。そして武士には貴族や公家とは異なった文化もまた存在していたのである。

●再度の上洛、昇進。しかし、主君はただ一人

そして四月に兼続は景勝と共に再度上洛を果たした。生まれてはじめての上洛であり、秀吉に何をされるか、どんな要求を突きつけられるか、気が気でなかっただろう最初の上洛。それに比べて、それなりに秀吉の人となりも見当がつき、二度目となった今回の上洛は多少は気楽なものであった。この上洛では景勝が従三位に任ぜられた。景勝は晴れて公卿《くぎょう》となったのである（三位以上が公卿）。

兼続も主君景勝に負けてはいない。三ヶ月ほど後に従五位下に叙せられた。着実な出世である。これは朝廷および朝廷の人事権を制した秀吉の力を示したものであり、また秀吉の兼続に対する評価の表れであった。秀吉は兼続に何度も仕官を勧めている。

ここでいう仕官とは「景勝を通してではなく、上杉家を出て直接自分の家臣となれ」ということだ。客観的に見れば悪くない誘いである。今風に言えば親会社からヘッドハンティングを受けたようなものだ。ここで秀吉の誘いを受ければもしかしたら主君であった景勝よりも官位も禄高《ろくだか》も上になっていたかもしれない。「景勝と兼続の仲を引き裂き、上杉家を弱体化するのが秀吉の狙いだった」とする考えもある。秀吉は伊達政宗の片腕、片倉小十郎景綱《かたくらこじゅうろうかげつな》にも仕官を勧めた話も残っていて、さもありなんというところだ。それでも特に後期の秀吉は頭の回転の速い人材に目がなかったから、兼続に本気で惚れこんでいたように思う。きっと三成の推挙もあっただろう。

もちろん兼続は軽く受け流している。キッパリと拒絶すれば角が立つ。こういう場合は冗談としてスルーしてしまうのが得策だ。兼続にとっては主君は上杉景勝ただ一人であった。そして景勝にとっても最後にあてにできるのは兼続だった。二人は兄弟のようにお互いに敬愛しあい、人物を認め合う間柄だったのだ。上杉家中でも藩主である景勝は「お館様」、兼続は「旦那様」と呼ばれるほど、このツートップによる二頭政治は完全に機能していたのである。

今回の上洛では兼続と主君景勝の滞在期間は三ヶ月を超える長いものとなった。これだけ長期にわたって領国を留守にできたことから上杉家家内、および領国の支配における安定性が確保されていたことがわかる。もちろんこれは新発田制圧の賜物であった。新発田重家が新発田城に健在であったなら、内部への切り崩しへの懸念も含めて、ここまで長期にわたって領国を留守にすることはできなかったのだ。兼続と景勝は秀吉配下に降ることを受け入れたが、その代わりに越後の支配権をより確実にしたのであった。

●兼続、学問の師と出会う

この年の地元での漢和連句の会については既に触れたが、上洛時においても兼続は文化人としての優れた一面を残している。京に臨済宗の名寺に妙心寺があった。そこの住職を務めていた南化玄興《なんかげんこう》という学識深い僧侶がいた。2006年の大河ドラマにもなった司馬遼太郎の『巧妙が辻』。その主人公である山内一豊《やまうちかつとよ》とその妻千代が眠っているとされる山内家の菩提寺《ぼだいじ》である大通院《だいつういん》という寺の開祖ともなっている人物である。兼続はこの高僧と面識を持つ機会を与えられた。このとき兼続は当時の先進国であった中国の詩文を集めた本『古文真宝《こぶんしんぽう》』を南化から借りて写本をする。写本というのは文字通り本を写すことだ。まだ活字による印刷が普及していなかったこの時代、本というものは人が一字一句書き写すことで伝えられていたのだ。当然そのために写し間違いもあって、同じ書物でも、写した人、時期によって若干の違いが生じたりする。『書名』（〇〇本）という表記を見たことがある人もいるかもしれない。実はこの

（○○本）というのが写本が複数存在しているときにそれぞれを区別するための表現だ。写本には大変な忍耐力が必要になる。また教養が必要なのも言うまでもない。この兼続の筆写には南化玄興もいたく感心し、その写本に序文を書き添えてくれた。以後兼続はこの南化玄興僧侶を学問の師として親交を深めるのである。

●佐渡平定

兼続が三十路を迎えた天正十七年（１５８９年）。この年の大きな出来事といえばやはり佐渡平定だろう。新潟県沖日本海上に位置する佐渡島。ここは古くから罪人の流刑地とされていた。罪人といってもいわゆる罪を犯した者ばかりでなく、政治抗争や戦に敗れた者もいわゆる政治犯として流されてきている。その佐渡には佐渡国がおかれていたが、ここを支配していたのは同地の守護代本間氏であった。朝廷から認められ国の経営に当たるのが守護という職。しかし室町時代以降現地に赴くことなく自らは京で任官運動（自分に職や地位を与えてくれという営業活動）に励み、領国の経営は家臣に任せる守護が増えてくる（まるでどこかの国の政治家のようだ）。このときの領国経営を委託される家臣を守護代と呼んだ。まさに守護の代理である。守護代は世代を経るうちに領国を完全に把握し、もはや守護なくても実質単独で領主として振る舞うようになる。この佐渡の守護代本間氏もそうだった。あの新発田重家征伐に六年の月日を要した上杉軍だったが、この佐渡平定はわずか数日で終わっている。佐渡国が島国であり、蘆名氏、最上氏など上杉に敵対する勢力が支援を送ろうにも困難であったことも幸いした。またやはり他国との行き来が少なく、それゆえ領土保全のための緊張感も少ないがゆえに本間軍は実戦での軍事力に乏しかったことも簡単に平定されてしまった一因である。さらに本間の一族内も決して一枚岩ではなかったことも大きい。実際この佐渡平定の後に上杉家に仕官した者もいる。そうしたことから佐渡の平定は容易になされたのである。しかしもちろん秀吉という大きな後ろ盾を得るという名を捨てて実をとった兼続の考えと、それを許容した景勝の度量が上杉家の支配を強固にし、軍事力を高めた結果でもあった。佐渡平定後、景勝は当然のように秀吉にそれを報告し祝賀を受けている。景勝自身はこの戦勝を記念し、家臣を招き漢和連句の会も催している。もちろん文芸に巧みであり、景勝にとってかけがえのない家臣であり相談相手である兼続も会に参加している。

この佐渡平定は後の上杉家に多大な財産をもたらした。このときはまだ後世有名な佐渡の金山に関してはさほど発掘が進んではいなかったが、銀の方はかなり産出していた。ここから得られた資金はもちろん全部を取るわけにはいかなかったが、それでも上杉家の軍資金として後々まで役に立つのである。

●秀吉、小田原征伐。兼続、景勝と共に加賀百万石の祖の戦を見る

天下人秀吉にとって最後の抵抗勢力は関東の北条氏だった。天正十八年（1590年）秀吉はついに小田原征伐に乗り出す。傘下の大名は旗本はもちろんのこと東北の諸大名にも出陣が呼びかけられ、まさに日本選抜の様相の陣容だった。

それに対して小田原の北条方は北条家の一族とその譜代の家臣団以外に味方する大名もほとんどおらず、ある意味戦う前から勝負がついていた戦であった。日本選抜対南関東選抜（しかも当時の南関東は今のように首都圏ではない）、客観的に見れば北条方がどれほど持ちこたえるか、如何に粘って有利な講和条件に持ち込むかだけを問題とする戦だった。

兼続は主君景勝と共に、もちろん参陣している。彼らにとって幸運だったのはこの戦で北国部隊に属したことだろう。既に全国に動員をかけることができた秀吉は諸大名を部隊編成するに当たり、大きく二方面からの進軍をとらせた。

一方は豊臣家の主力部隊と、家康軍、さらには西の大名からなる部隊。こちらは東海道を行軍する。今の東海道本線にほぼ沿った形での進軍である。もう一方の北国軍は東山道を進軍し、北から北条の領土を順に駆逐していく。この北国部隊のリーダーは秀吉の盟友であり、2002年の大河ドラマ『利家とまつ』の一方の主役でもあっ

た加賀の前田利家だった。隣国越後の上杉景勝は当然この部隊に属することになる。しかも大将格の利家に対し、実績からも勢力からも景勝が副将格としての参陣となった。兼続にとってここで利家と部隊を共にし、戦ができたことは大きな財産となった。信長・秀吉という二人の天才の天下統一事業をまさに陰で支えてきた利家の戦を間近で見ることができたのである。

三月に越後を発った上杉軍は、加賀からやってきた前田軍と合流する。さらに信州から真田軍をも加え、南東に進路をとる。そして信濃と上野、つまり長野と群馬の県境である碓氷峠で北条方の武将大道寺正繁《だいどうじまさしげ》を突破した。大道寺正繁は居城の松井田城に引き揚げ籠城を決め込んだ。しかし圧倒的な戦力差に抗戦をあきらめ降伏開城してしまった。秀吉に助命されて大道寺正繁は以後の行軍において道中の案内役を引き受けることになる。勝手を知っている大道寺正繁を引き入れたことも功を奏し、四月には北国部隊は現在の埼玉県にあった武蔵松山城の攻略に成功した。六月には同じく埼玉県に北関東支配の拠点として存在した鉢形城を落とした。さらに現在の東京都の最も神奈川寄りの八王子市にあった巨大な山城である八王子城をわずか一日で落とすのである。

圧倒的な戦力差を持って小田原城を取り囲んだ秀吉の軍勢。次々に落ちる味方の城に北条方の武士たちの気力も、もはや失せ果てていた。この小田原征伐では有名な言葉が誕生している。「小田原評定《ひょうじょう》」という言葉がそれだ。「評定」とは話し合いのこと。次々に支城が落とされ風前の灯の中、それでもまだ抗戦するのか、あるいは降伏するのか、北条の家臣団の間では意見が分かれ、いつ果てるともない論争が繰り広げられたという。そこから「いつまでたっても結論が出ない話し合い」のことを「小田原評定」と呼ぶようになった。

小田原攻め進軍図

話を元に戻そう。結局北条方は降伏を選択した。徹底抗戦を主張してい

た北条氏政《ほうじょううじまさ》（当主、ただし形式的には既に隠居して家督は息子の氏直に譲っていた）は自害。その弟でやはり兄と共に決戦を望んでいた氏照も自害した。当主の氏直は本来死を免れないところであるが、家康の娘婿であり、彼と懇意であったため死罪は免れ、高野山に追放されている。彼はのちに家康の赦免運動が実り、秀吉配下の大名となっている。降伏の折の使者となった氏房も、氏照の弟で北条家の外交窓口となっていた氏規《うじのり》も、やはり許されている。もっとも氏規は役目とはいえ、何度か秀吉の求めに応じて上洛を果たしており、北条家を実質治めていた兄たちに秀吉への降伏を促していたのだからそれも当然ではある。彼の努力は実を結ばなかったように思われるが、実は見事に実りを果たしている。北条の子孫は幕末まで存続しているのだが、それもこのときの氏房と氏規の生き残りがあったからこそなのだ。もちろん領土は安堵とはいかず、彼らの所領は家康が受け継いでいる。そうそう、大切なことを書き忘れていた。あの早々と降伏し道案内さえ務めた北条方の武将大道寺正繁のことだ。ある意味、彼こそ最大の功労者なのだが、彼は小田原方の降伏の折に裏切りを咎《とが》められ、秀吉の命で処刑されている。小田原征伐に功を成したとはいえ、彼を許せば今度は自軍から彼のような裏切り者がでてくる恐れがある。秀吉はそれを避けたのである。

●伊達政宗、秀吉に屈する

秀吉の命に従い、前田利家や真田昌幸らと小田原征伐に参加した兼続と主君景勝であったが、小田原の降伏後も休む暇は与えられなかった。事の発端はまたもや秀吉である。小田原征伐の後、すぐに秀吉は奥州に向かった。あの独眼流伊達政宗ら未だに秀吉に従わない、もしくは遠隔地であるのをいいことに聞こえないふりをして振る舞っていた大名らに仕置きをするためであった。小田原を発った秀吉は江戸を抜け、七月末には下野《しもつけ》国宇都宮に到着する。ここで奥州各大名への仕置きを発表した。本領安堵された大名が多い中、伊達政宗は大減封を喰らった。このとき政宗は本拠地である出羽《でわ》（山形県）米沢をはじめとして、会津（福島県）を含む奥州南部のほとんどを制圧し百五十万石あまりを治める大大名となっていた。しかし実はこれは秀吉が１５８７年に発した惣無事令《そうぶじれい》に反していた。惣無事令というのは、大名間の私闘を禁じた法律である。もはや戦国の世は終わったので、以降の大名同士の争いは許さない。もし争うならばそれはこの秀吉に逆らうことと看做《みな》す、という法律である。ところが政宗の会津切り取りはこれ以降のことだったので、この支配は認められなかったのだ。また秀吉の命令があったにもかかわらず、小田原征伐に遅参した責任も問われた。政宗のこの後の振る舞いを見ても、秀吉に屈する気はなかったのはほぼ間違いない。その意味で秀吉のこの仕置きはもっともなものだった。政宗は会津や他の所領を召し上げられ、石高もほぼ半分に減封されたのだった。

●驚愕の指令

庄内の仕置きを終えて、兼続は景勝につき従い、春日山城に戻った。二人はそのまま年を越し、翌天正十九年（１５９１年）を迎える。この年兼続は、またもや上洛を果たし、細川幽斎《ほそかわゆうさい》と連句をたしなんでいる。

そして秋、兼続はもちろん、上杉家、さらには日本全国の大名や武士を驚愕させる命令が秀吉から発せられるのである。それは海を越えて朝鮮へ出兵するためその準備をせよとのお触れだった。十二月に秀吉は関白職を甥の秀次《ひでつぐ》に譲位し、自らも海外派兵への準備を整えたのであった。冗談ではなかった。本気だったのである。

●狂気の朝鮮出兵

天正二十年（１５９２年）はまさに諸大名にとって受難の年となった。一月に秀吉は諸大名に正式に出陣を命じた。奉行らに計算させ、各大名の石高に応じての兵の動員と兵糧《ひょうろう》米の献上を課した。上杉家が課せられたのは兵五千人、米三千石だった。如何に上杉家といえども、これはかなり厳しい数字だった。しかしながら秀吉によって国内に戦がなくなった今、領地保全の心配はない。

領地保全の心配がない以上、兵は動かせるはずだ、というのが建前だったから逆らうわけにはいかなかった。たとえ領国が不安であろうとも動員せざるを得なかったのである。兼続自身も、もちろん同行した。兼続と景勝の二人は三月に春日山城を発った。これまでにも何度も春日山城を後にしたが、間違いなく今回が最も遠くへの旅となる。二人の脳裏には様々な思いが去来した。これまでの彼らが訪れた一番遠い場所は大坂である。それが今度は中国地方を越えて、一気に九州まで赴くことになった。九州肥前（佐賀県）の名護屋《なごや》が拠点だったのだ。それどころか海の向こう朝鮮まで派遣される可能性も非常に強かった。

二週間後に二人は京に到着した。ここで数日滞在している。そして肥前名護屋に向けて出発。名護屋には朝鮮出兵の前線基地があった。その名護屋城は前年秀吉が加藤清正らに命じて九州の諸大名に動員をかけ、突貫工事で完成させたもので、当時最大の規模を誇った大坂城に次ぐ大きさだった。むろん天守も備えていた。そしてこの城の周辺に各大名の陣屋が配分されたのである。

既に先発隊は朝鮮へ派遣されていたが、兼続と景勝の出番はまだ先であった。二人はこの地で地元の豪商神谷宗湛《かみやそうたん》から茶の湯の接待も受けている。宗湛は信長・秀吉に気に入られ、大きくなった豪商で、この時期の秀吉の食料資材確保の裏方でもあった。

彼は茶人としても一流だった。

●連戦連勝、世界最強部隊のデビュー戦

さて朝鮮に渡った先発部隊は華々しい成果を遂げていた。その陣容は九部隊、総勢実に十五万人以上の大部隊である。余談ながらこの当時の日本の部隊は世界でも最強だったと言っても過言ではない。この時代飛行機はもちろんない。蒸気機関もまだ発明されていない。したがって陸戦における最速最強の乗り物は馬である。日本は騎兵の割合が非常に高かった。また強力な武器である鉄砲に関してもポルトガルから紹介された後、日本人は独自の技術力で改良しさらに大量生産を可能にしていた。これもまた当時の世界の鉄砲の中では最高レベルの性能だったらしい。また四方を海に囲まれ古くから海運も発達していたから、海上輸送にも長けていた。

地方分権であったため、どの大名に属する兵も毎年のように実戦を欠かしておらず、お公家さん集団のような部隊はなかった。常に実戦を怠っていないことからも世界的にも最強だったことは十分にうなずける。

そしてそれを裏付けるかのように先発隊は連戦連勝で、日本に向けての玄関口である釜山上陸の一ヵ月後には首都漢城（現在のソウル）を占領してしまう。

この当時の朝鮮は李氏朝鮮王朝の時代だった。世界の日本以外の国々はどこも時代

と共に統治する一族王朝が変わっている。日本も実質支配者は時代ごとに異なっているが、形式上名目上の支配者は終始一貫して朝廷（天皇家）だったという点は、日本という国の特色、日本人の特性をうかがい知ることができる世界でも例のない歴史的特徴なのである。その李氏朝鮮王朝のこのときの王は宣祖という人物だった。漢城から逃れた彼は平壌（今の北朝鮮、朝鮮民主主義人民共和国の首都ピョンヤン）まで逃れる。しかし日本軍の侵攻はすさまじく、ここもまた危機にさらされた。そこで宣祖は、中国との国境にあり中国の使者との交易の拠点となっていた義州にまで逃れる。そしてそこで当時中国を制していた明王朝に助けを求めたのだった。

この頃の朝鮮は比較的平和な時代が続いていたこともあり、軍は実戦経験に乏しく、日夜実戦と他国の侵略の脅威にさらされる中で鍛えられていた日本軍とは力において雲泥の差があった。日本軍はその後平壌も占領し、ここで侵攻を一旦停止する。戦況はこの後膠着状態になる。戦力においては確かに日本軍は優れていたが、戦略の点においてあまりにも思案がなかった。何せ最高責任者である秀吉は海の向こうである。ちなみにこの年秀吉の実母大政所《おおまんどころ》（なか）が亡くなっており、その影響も少なくはなかったかもしれない。また補給路の確保より戦線の拡大が優先してしまったこともほめられたことではなかった。このあたりの欠点は実は昭和になってからも改善されておらず、日本軍は同じミスを犯すことになるのだけれど、それはここではおいておこう。

●上杉軍、名護屋に滞陣。兼続陣中においても学問を怠らず

兼続は景勝に付き添い、肥前（佐賀県）名護屋に滞陣していた。戦により命を落とす危険はなかったが、滞陣中の食料の確保、兵の治安維持など兼続の仕事は山ほどあった。特にこうした時期ほど士気は緩むものである。この頃名護屋の町は京に匹敵するほどの活気だったらしい。それはそうだろう。日本中の武士たちが集まっていたのだから。兼続は上杉家中の武士たちに他国の武士との交流や飲酒のため外出することなどを禁じた。一方で自身は官僚としての職務に携わる傍ら、学問にも励んでいる。名護屋滞陣中には医学書の書写なども行わせていた。

●兼続、初めての海外

兼続が主君景勝と朝鮮に渡ったのは六月になってからのことだった。先発隊は主に秀吉恩顧《おんこ》の諸将によって編成されていた。が外様である毛利輝元らも加えられている。大大名であった輝元もしっかり渡鮮させられ戦わせられていたのだ。一方秀吉と共に名護屋の留守居組となった顔ぶれは徳川家康、前田利家など。家康は形式上は秀吉の配下になっているものの、小牧・長久手の戦でひれ伏させることは出来なかった相手

名護屋の位置

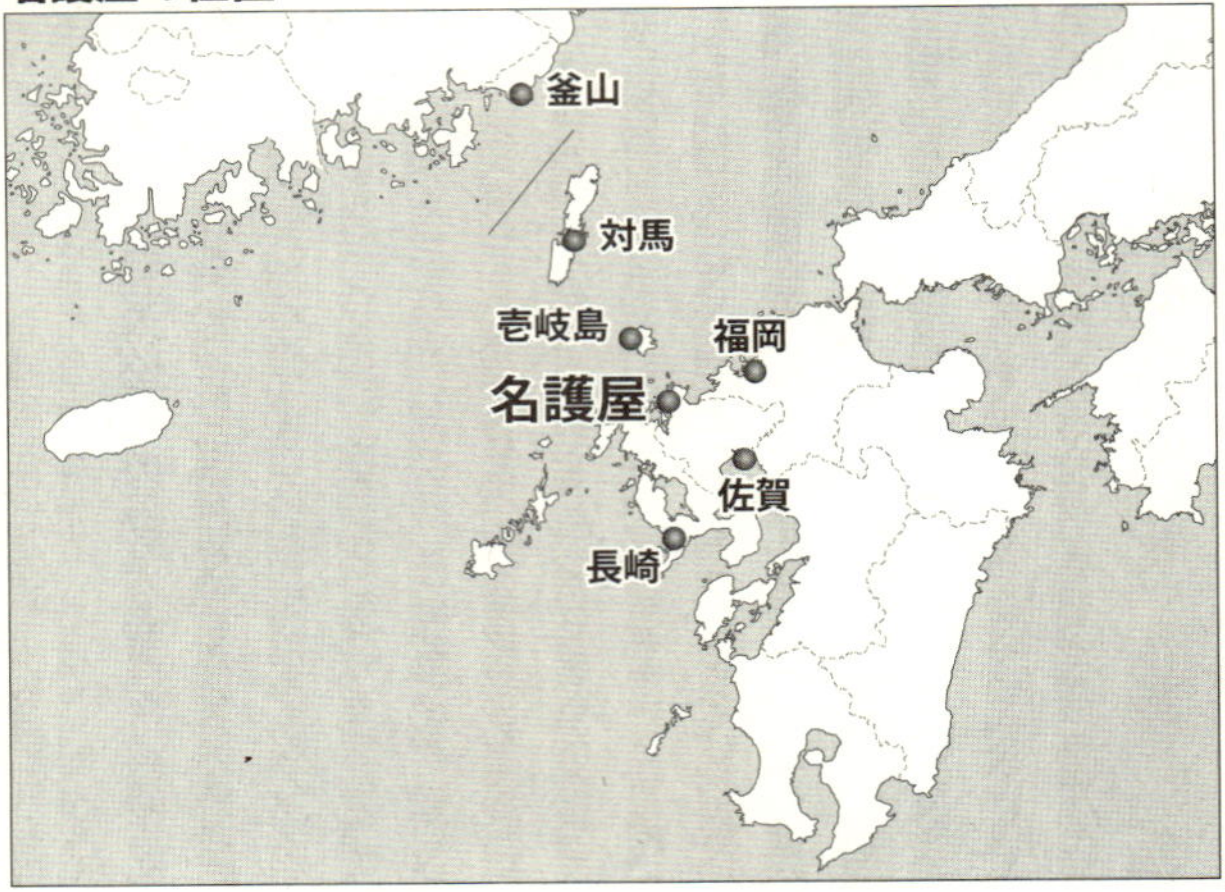

だし、利家は旧友でもあり、また賤ヶ岳の勝利を招いた影の功労者でもある。いずれも秀吉にとっては特別な存在だ。この二人と比すれば上杉家は秀吉とのつきあいは遥かに短くまた浅い。本来ならば上杉軍は毛利軍と共に渡鮮させられていてもおかしくはない。やはり上杉家は外様としては優遇されている。早い時期に秀吉に近づき、協力し、そして臣下の礼をとったことからかなり信頼されていたのだ。そしてもちろん兼続や上杉家に気を利かせてくれていた三成の口添えの効果も大きかった。

逆に言えばこの時期まで国内にいたのだから、実は朝鮮では上杉勢はたいした活躍はしていない。熊川《くまがわ》城という日本軍の拠点の修築等が現地での仕事だった。とはいえ戦ほどではないにしろ、補給もままならぬ異国での作業はやはり厳しいものだった。

現地での風土に馴染めず病気になったものも少なくなかった。先鋒隊のような被害は免れたが、無傷ではなかったのである。

●兼続帰国、お土産はなんと？

なお天正二十年十二月八日後陽成《ごようぜい》天皇の即位に際し、元号が文禄《ぶんろく》と改まっている。したがって文禄元年はわずか一ヶ月であった。

翌文禄二年（１５９３年）、景勝・兼続は帰国。なおこの渡鮮の折に兼続はまたもや学問好きの本領を発揮している。なんと兼続は朝鮮から貴重な古文書を多数持ち帰ったのだ。今のようなお宝ブームなどはなかったわけで、これは純粋に戦火の中でこれらの書物が炭に変わることを惜しんでのことだった。

朝鮮では膠着状態が続き、和平交渉が続けられ、その間はほぼ休戦となっていた。休戦とはいえ、いや休戦中であるからこそ現地での略奪とかができないだけに余計に糧食の確保に諸大名は苦しんだ。この点から見ても他の大名と比べて、上杉勢が恵まれていたことが再認識できる。

●兼続、養子をとる。だがその直後

なおこの年兼続は養子をとった。上杉家の重臣である本庄繁長《ほんじょうしげなが》の三男、与次郎、後の長房《ながふさ》である。兼続とお船も婚姻後十二年を経過しており、家の断絶を恐れての転ばぬ先の杖としての措置だった。しかし皮肉なことに翌年お船の方は男子を出産し、兼続は嫡子に恵まれる。そんなこともあって与次郎は後に実家に戻っている。

●兼続、名建築現場監督としてのデビュー戦

その兼続が実子竹松（のちの景明《かげあき》）という子宝に恵まれた文禄三年（1594年）、兼続は景勝と共にまたもや上洛を果たしている。もはやみなさんにも見当がつくだろう。そう、秀吉の命である。

今回命じられたのは伏見城の普請だった。現在の京都市伏見区、つまり京都市の南部。当初は秀吉の別荘として普請されたのだが、文禄二年に秀吉に嫡子秀頼が誕生したため、本格的な城郭として大規模な修築がなされることになったのだ。こういう仕事を着実にこなすことで兼続は秀吉からの高い評価を得ていった。後に直江兼続は普請の名手としても有名になり、上杉家は大きな普請をいくつか任されることになるのだが、そのメジャーデビュー戦にあたるのが今回の普請だった。兼続はこれを見事に

やってのけた。

●秀吉、伏見上杉邸ご訪問

この年十月に秀吉は京の伏見の上杉邸を訪問している。「上様の御成り」というやつだ。兼続は景勝から指示を受け、万事ぬかりのないよう調度品等を調えた。石田三成らから秀吉の好みや注意事項等も事前に調査して事にあたった。そういった下調べと準備が功を奏して、秀吉はご機嫌で帰っていった。

なおこのときの経験が後に江戸時代になって、二代将軍秀忠を迎える折にも生きるのである。

●上杉景勝、昇進

席上で、上杉景勝は従三位権中納言に叙せられる。一時期景勝のことを文献では「越後中納言」と表記されていることがあるが、それはこのためだ。後に上杉家が会津に転封になると、彼は「会津中納言」あるいは「上杉中納言」などとも呼ばれるようになる。

●秀吉、甥の関白秀次を処罰

文禄四年（1595年）既に関白を退いて太閤となっていた秀吉は、関白職を継がせた自身の甥、秀次に切腹を命じている。秀次は殺生（摂政との駄洒落）関白とあだ名されるほど行状がひどく、また秀吉暗殺を企てたため、などといわれている。しかし実際のところは秀頼が生まれたことで邪魔になったというのが正解だろう。このとき秀次を処分したことで秀吉の後継者は秀頼にすんなり決まる。しかし一方で家中に遺恨も残り、また世代的に秀吉と秀頼をつなぐ身内の有力者が存在しなくなってしまったことは、秀吉の死後政権があっけなく徳川に移ってしまうことの遠因ともなっている。

●兼続、佐渡金山の代官に

この年、上杉景勝は秀吉から佐渡の金山の管理を命ぜられた。実はその頃まで日本一の金山は佐渡ではなく鳴海《なるみ》にあった。鳴海金山は上杉領である越後の北端の奥深い山中にあった。当時鳴海金山は全国一の金の産出量を誇ったという。佐渡が領国であったこともさることながら、そうした金山経営の実績も秀吉に見込まれての抜擢だった。金山から産出された金は秀吉に納めねばならず、余計な仕事が増えるわけで手放しで喜ぶわけにはいかなかった。この重要な職はもちろん兼続に託された。代官となった兼続は金山管理も無難にこなした。この当時の上杉領からは日本全国で産出される金の半分以上が掘られていたという。上杉家の財政にも少なからず貢献したのである。もっともそのせいで江戸時代になってから、上杉家には莫大な隠し資産がある、と思われていた。ところが実際はその頃の上杉家の財政は火の車だった。幕府や諸大名から誤解を受けるほど、上杉家と金の結びつきのイメージが強かったことがわかる。

●再度の朝鮮出兵へ

文禄五年（１５９６年）、長引いた明国との和平交渉に動きがあった。朝鮮ではなく明が交渉の相手方なのは、明が朝鮮を属国として認知していたからだ。結論から言えば交渉は決裂した。いや最初から決裂もなにも折り合うわけがなかった。秀吉も明の皇帝もそれぞれ嘘の報告を受けていたのだ。つまりそれぞれが「明（日本）が降伏したいといっています」と聞かされていたのだ。現場で戦う者たちにとっては、この戦は無謀で意味のないものに映っていた。特に手柄を立てることが出世や収入につながる武将ならまだしも、講和の全権は官僚タイプで計算が立つ頭脳の持ち主だったから余計にこの戦が無意味に思え早く終結させたがっていた。そんなわけで示し合わせていたわけではないのだが、くしくもそれぞれの交渉担当者は穏和に事を進行させるために虚偽の報告をしていたのだ。明から降伏の使者が来ると聞いて秀吉は跳び上がって喜んだ。「自分はついにこの国において誰も成しえなかった快挙を成し遂げたのだ」と。当然秀吉はご機嫌で使者を丁重にもてなした。しかし、使者の口上を聞くと怒りに震えた。「日本が明の臣下の一国となることを許す。ついてはお前を日本国王にしてやる」と言うのである。「日本国王ならいいじゃん」などと思ってはいけない。「王」というのは中華思想の下では皇帝より一段低い地位なのだ。つまり中国では「皇帝」こそが、日本で言うところの「王」にあたり、「王」というのは日本で言えば「大名」のようなものなのである。つまり「日本地区の統治責任者にしてやるぞ」と、こういうことなのだ。相手が降伏を望んでいるという虚偽の報告を信じて大喜びしていただけに彼の怒りはすさまじかった。即座に使者を追い返すと秀吉は朝鮮への再度の出兵を決めたのである。諸大名はまたもや苦しい賦役《ふえき》を課せられることになってしまった。

●兼続、伏見城舟入場の普請で本領発揮

なおこの年十月二十七日に改元がなされている。畿内に大地震があったための改元だった。兼続らが苦心してやっと完成したばかりの伏見城もこの地震で崩壊してしまった。だから先ほどの話にあった明の使者は大坂城で接待されている。新しい元号は

慶長だった。しかし慶長元年は二ヶ月ほどしかない。

慶長二年（1597年）二月、秀吉は再び十四万の大軍を朝鮮に派遣する。上杉軍は前回も朝鮮制圧軍の主流とはならず、城砦の修築に携わったのみであったが、今回に至っては渡鮮することさえなかった。しかし何もしなかったわけではない。先の大震災、その復興に携わる仕事を申し付けられたのである。兼続は秀吉に命じられた景勝の任を受け、伏見城の修築にあたった。前回は堀を中心の作業であったが、今回は難題であった。舟入場をつくれというのである。舟入場というのは文字通り海や川から船を寄せることのできる場所、まあ超小型の港だと考えてもらえば差し支えない。伏見城に淀川の流れを引き込むことで、伏見城から淀川、さらに大坂湾に出ることのできる海路を確保しようと考えたのである。これはかなりの難事業だった。それはそうだろう。川の流れを変えなければならないのだから。兼続はここでスカウトという手法を用いた。家臣らに聞き取り調査をし、京の地に河川の普請に長けている男がいるということをつかんだ。しかしその男は気難しく、なかなか動かないらしい。だが兼続はひるまなかった。その男の力を借りればきっとこの難事業もできるはず。兼続は何度も通うことでようやくこの男に承諾させることに成功した。こうして兼続は舟入場の施工に成功したのである。このことが上杉家、そして兼続の名をさらに高めたことは言うまでもない。これまで見てもらってきてわかっていただけるように、実は意外にも兼続は戦に関しては、とんでもない手柄を立てたという実績はない。しかし、内政や普請に関しては高名を残している。二十一世紀の現在でも土木は政治の中枢に近いところにある。ましてまだまだ開発の余地があちこちにあったこの時代、土木事業に秀でた彼の腕を振るう機会は決して少なくなかったのである。そしてその手腕はこの後すぐに今度は上杉家のために用いられることになるのであった。

●上杉景勝、五大老に

一方、兼続の主君、景勝であるが、この年豊臣家の五大老の一人に任命されている。五大老とは豊臣家の政治の中枢を担当する五人の大物大名のことを言う。

元々上杉景勝はそのメンバーには含まれていなかった。五大老の顔ぶれを紹介する。北関東二百五十万石を擁する秀吉の最大のライバル、徳川家康。加賀をはじめとする北陸に八十万石以上の領土を持つ秀吉の旧友、前田利家。そして安芸（広島）を中心に百二十万石を治める中国地方の大大名、毛利輝元。備前岡山に五十七万石を治める秀吉の養子であった宇喜多秀家《うきたひでいえ》。最後に九州筑前三十五万石、あのかつての中国の覇者毛利元就の三男、毛利家当主毛利輝元の叔父小早川隆景《こばやかわたかかげ》。以上の五人が五大老と呼ばれていた面々である。しかしそのうちの一人小早川隆景がこの年六月に没した。そこで代わって直江兼続の主君、上杉景勝が任命を受けたのであった。

第三章

会津への転封

上杉家に二つの激震が走る。会津への転封と豊臣秀吉の死。この二つは上杉家だけでなく、直江兼続の人生をも大きく変えることになる。そして、戦国の世はまだまだ激動していく。

●上杉家に激震、会津への転封

翌年慶長三年（1598年）年明け早々、上杉家にそして景勝と兼続に大転機が訪れる。長年親しんできた領国の越後から会津（福島県）への転封を命じられたのである。それまで会津の地を治めていた蒲生秀行《がもうひでゆき》は少年であった。父であり藩主であった蒲生氏郷《がもううじさと》が四十歳で早世したため、急遽後を継いでいたのだ。この若君に九十二万石の大家を治めろというのは酷だった。蒲生家の政治をめぐり、一部で蒲生騒動と呼ばれるようなお家騒動が起こってしまう。このことが秀吉の耳に入り、責任を取らされる形で蒲生秀行は減封を受けてしまったのである。

一方で景勝の上杉家は形の上では大増封となった。それまでの越後九十万石から会津百二十万石になったのだから。しかし実質は減封に近かった。越後は金銀の産出もあり、港も抱えていて運送も潤っていた。それに対し、会津では周りは敵だらけ。さらに越後ほど食糧生産事情がよくない。とはいえ、形の上ではあくまでも増封である。兼続も主君景勝も秀吉に謝辞を述べ、名残惜しい越後の地を後にせねばならなかった。

このとき兼続は独立した大名ではなく、上杉景勝の陪臣の身でありながら、米沢（山形県）に三十万石（管理下に置かれた地侍の領土を含む。兼続の直轄は六万石）を秀吉から直に賜った。秀吉は兼続に執心だったのだ。秀吉は兼続に「豊臣」の姓を名乗ることも許している。また「天下の仕置きを任せられるのは直江山城など、ごくわずかな者だけに過ぎぬ」と兼続を最大限に評価した言葉も漏らしている。秀吉直臣となった直江兼続の姿もまた想像するとわくわくしてくるのだが、もちろん兼続にとっての主君は何があろうと上杉景勝ただ一人だった。

この転封の理由については様々な理由が憶測されている。会津の地はあの伊達政宗が奥州仕置きの折に召し上げられるまで治めていた土地であり、地元の最上、伊達の両氏の影響が強く、また彼らが常に狙っていた土地でもあった。そこで秀吉は彼らに対する抑えであり、また家康を背後から睨ませるために上杉を会津に配置したという説もある。あるいは旧来の領国である越後から切り離すことで上杉の力が強大になりすぎることを防ぐと同時に、秀吉は佐渡の金山の利益をせしめようとしていたのだという説も根強い。他にも様々な理由が考えられているが、正解は一つではなく、これらの事情がからみあっての転封だったにちがいない。この時期の秀吉には既にかつてのような冴えはない。しかし臣下の奉行には石田三成を筆頭に知恵袋は多いので、感情に任せた安易な指示はしていないはず。多方面からメリット・デメリットを検討しての転封の指示だったろう。なお加増されたとはいえ、そのような周りを好意的とは言えない大名に囲まれた土地に配置されたのだから、兼続にも主君景勝にとっても、この転封は厳しいものだった。このとき二人は上洛しており、京に滞在していた。彼らは三月に秀吉に拝謁し、京を発った。目的地は住み慣れた故郷越後の地ではない。新領地会津だった。

この会津への転封という大事業にあたって、兼続は配下の上杉家奉行に何事も三成の指示に逆らわぬよう指示を与えている。三成はこの時期秀吉に降った大名の配置換えが相次いでいたため、国替えの段取りに慣れていた。奉行であるから当然と言えば当然ではあるが、三成は上杉家の会津への国替え作業を積極的に手伝っている。越後入りはもちろん新領である会津にまで付き添い、こまごまとアドバイスを与えている。こうした心配りと段取りに関しては三成は定評があるのだが、会津にまで足を運んだのはやはり三成にとっても兼続や上杉家は特別であったのだ。

なおマンガやパチンコで一部に熱狂的なファンを持つ傾奇者《かぶきもの》、前田慶次はこの少し前に上杉家に仕官している。

なお会津に転封する直前か、会津転封後か時期が定かではないのだが、非常に有名なエピソードがあるので紹介しておきたい。

ある日、景勝配下の名のある武士が、奉公人を些細な失態を理由に切ってしまった。この奉公人の遺族たちは怒って兼続の元へ訴えた。兼続は彼の言うことをもっともだと考え、賠償金を与えた。ところが遺族らは納得しない。「何が何でも生き返らせろ」というのである。そこで兼続は「わかった。ではこれを持って呼んで参れ」と言

会津若松城（著者撮影）

って、彼らを刎《は》ねさせてしまった。遺族らに持たせたのは兼続がしたためた閻魔大王への書状だった。「こちらの手違いでそちらに一人送ってしまった。（奉公人のこと）この者ら（遺族のこと）を使いとするので、彼らに手違いでそちらへ行ってしまった者（奉公人）を引き渡してほしい」としたためてあった。

　兼続のイメージを覆してしまうような残酷な話ではある。ここから様々なことがわかる。まず兼続が訴訟の取り扱いもやっていたということ。つまり裁判官の役目も果たしていたということがわかる。次に遺族に理解を示しながらも、ごね得は許さなかった兼続の性格も垣間見ることができる。また兼続は民を愛した武将として有名なのだが、それでも上杉家の執政として、家中の武士と同等に扱っていたわけではないということもわかるだろう。会津が上杉の領国であったのはわずか四年足らずだった。また秀吉との面会も結果的にこれが最後となるのだった。

●秀吉死す。諸大名は朝鮮から撤退。家康、台頭の予感

この年慶長三年八月十八日、百姓として出生し、一代で人臣最高の関白にまでのし上がった（位人臣を極めた）日本史上前代未聞の成り上がり者、豊臣秀吉がこの世を去った。享年六十一。亡くなる折に詠まれた句（辞世の句という）は「つゆとをちつゆときえにし　わがみかな　なにはのことも　ゆめのまたゆめ」（露のようにはかなくこの世に生を受け、そして露のようにはかなくこの世から散っていく俺の命、大坂で天下を極めたことも今となっては一睡の夢のようだ）。

この時点で秀吉の嫡男秀頼《ひでより》はまだわずか六歳。幼い我が子と自らが亡き後の豊臣家の行く末を案じながら死んでいった秀吉だが、その不安は現実となる。

秀吉の死は秘密になっていた。諸大名がまだ朝鮮で滞陣していたからである。二年近くにわたる不便な異国での長い戦。しかも戦線があまりに広いために延々と続く膠着状態。諸大名の間にはもはや気力もなく、厭戦の雰囲気さえ漂っていた。九月の段階で日本軍は侵攻は続けないまでも、局地戦では勝利するという状態であったが、翌

十月についに撤退の命令が五大老の名で発せられた。しかしこの時点でも諸将には秀吉の死は告げられていなかった。

撤退にあたっての交渉は成功したが、実際は反故《ほご》にされ、渡鮮した諸将は明や朝鮮海軍の海上封鎖を切り抜けて、命からがらやっとのことで十二月に帰国を遂げた。この無意味な戦のため、豊臣恩顧の大名間の派閥争いは加速した。同時に彼らはこの戦で疲弊し、それはそのまま豊臣家臣団の戦力の低下を意味した。

代わって力をつけたのは家康である。なんと言っても彼は渡航していない。自分が無傷な折に他の大名はこぞって兵や食料、武器弾薬、その他の財産を消費してしまったのだから、家康が一人勝ちの状態になったのも当然のことだ。またこの時期家康は関東に移封されたばかりで、すきだらけだったのだが、諸大名は渡航していたので、その間に家康は着々と領国を整えることもできた。晩年の秀吉の愚行とされる朝鮮出兵は、国内に戦場がなくなった武士たちのリストラ対策の側面もあって、実は公共事業の一面もあるにはあった。それでもやはり豊臣家にとっても諸大名にとっても、日本にとっても得策だったとは言えない。傷はあまりに大きかった。

●五大老と五奉行、様々な確執

この後、五大老と秀吉恩顧の家臣団との間で関が原に向けいよいよ権謀術数の火蓋が切られる。これより以前の九月に兼続は主君景勝と共に上洛していた。先の京滞在から転封を挟んでわずか半年足らずのうちの再度の上洛だった。目的はもちろん五大老としての政務だ。五大老は秀吉亡き後秀頼を守り立てていく旨の誓紙《せいし》を交わしていた。そしてこの五大老と五奉行が幼少の秀頼に代わり政務を執る手はずとなっていた。

なお五奉行とは以下のメンバーである。甲斐国（山梨県）甲府（かつての信玄の本拠地）に二十二万石を賜っている秀吉の姻戚筋の浅野長政。秀吉が最初の領国近江《おうみ》（滋賀県）長浜《ながはま》でその才覚に目をつけ（講談などではお茶のエピソードが有名）小姓として仕えさせたところから出世した佐和山《さわやま》十九万石の石田三成。美濃（岐阜）出身、僧侶から信長に仕えるようになり、その後長男信忠、そして次男信雄、秀吉と主君を変え（彼の場合は裏切りではない）京都所司代《しょしだい》として朝廷とのパイプも持っていた丹波亀山五万石前田玄以《げんい》。上杉景勝との外交交渉の折に石田三成と共に働いた大和郡山《やまとこおりやま》（奈良）二十二万石増田長盛《ましたながもり》。そして検地の実施などで活躍した近江水口《みなくち》五万石長束《なつか》正家《まさいえ》。彼ら五人は主に豊臣政権の政務にあたる官僚的な仕事を担当していた。

家康の政治活動は既に始まっていた。伊達政宗、福島正則、蜂須賀至鎮と婚礼を交わす。これは秀吉の遺命に露骨に背くものだった。

明けて慶長四年（１５９９年）このことを前田利家らが糾弾《きゅうだん》、これに対し家康は逆に開き直り、諸大名と諸奉行が家康の伏見屋敷と大坂の前田利家の屋敷にそれぞれ集結、一触即発の事態となった。このとき兼続の主君景勝は前田利家の側に立っている。そう、景勝は前田利家とは小田原征伐をはじめ秀吉旗下の軍勢として何度も戦場で行動を共にしていた。また兼続と三成の同盟関係の頃からの信頼関係もある。景勝が家康ではなく利家についたのは自然の流れだろう。景勝はある意味謙信以上に義にこだわったところも見受けられる（何かにつけ比較されただろうからそれもわかる）。配下の大名となってしまい、何度か無茶な命令は受けているとはいえ、秀吉がいなければ上杉家は危なかったのも事実。それに他の大名に比べれば優遇されたことは間違いない。景勝は秀吉に多大な恩を感じていた。もちろん兼続も同様である。そしてどちらがより秀吉の遺命に忠実かと言えば、これはもう誰が見ても明らかなのは前田利家の側だった。景勝が利家の側につくのはごく自然な行動だったのだ。

●一時的な和解

大坂の利家と伏見の家康、この二人の許にそれぞれを支持する大名が集まっての緊迫状態はやがて解かれた。二月末に利家は家康に会うために伏見まで出向く。利家が出向いた段階で、ある意味決着はついていた。両者は和解した。実はこの時点で既に利家は病を負っていた。もはや余命いくばくもないことを悟っていた。この訪問で家康が利家に手を出したのなら、それで家康と戦火を交える口実もできる。もちろんそのときは正義の旗印は利家（そのときは彼自身はこの世にいないが）の側にある。だが何事もなく面会は終わり、家康は今度は自分が利家を見舞う約束をした。三月に家康が利家を訪問する。このとき巷では家康暗殺計画の噂が流れた。事実はどうだったかはわからない。あっても不思議はない。一番可能性が高いのは、実際に計画はしていたが、いざとなると事に及ぶことができなかったというところか。利家の息子である利長のこの時点での器量を考えるとそのあたりが妥当な気がする。いずれにせよ、結果から言えば、利家は秀吉のように自分が去りし後の前田家のことを家康に強く頼みこみ家康は上機嫌で帰っていった。

●前田利家死去。秀吉恩顧の大名が対立

この年は閏年《うるう》である。当時の暦では閏年には閏月というものが加えられていた。三月と四月の間に閏三月という具合である。この閏三月に前田利家が亡くなった。辞世の句は「槍先で　取りたる国は　何事を　せねどもしかと　治まりぞする」

権謀術数の限りを尽くし、内政面でも様々な政策を成し遂げた秀吉に対し、戦場での武将としての活躍が思い浮かぶ利家にふさわしい辞世の句であるといえよう。享年六十一。そしてこの利家の死は豊臣家の死にも大きくつながっていくのである。

豊臣家五大老の一方の雄であった前田利家の死去により、バランスは大きく崩れた。

もはや家康に対抗できる者は皆無に等しかった。

その直後さらに家康を有利に運ぶ出来事が起きた。豊臣家臣団武断派の七人による三成襲撃である。

そもそも豊臣家恩顧の大名間には様々な派閥抗争があった。秀吉が天下を取るまでに活躍した体育会系武断派と政務において頭と腕をふるった官僚派との対立。出身地で分けると前者には秀吉の出身地尾張の出身が多く、後者には秀吉が一国一城の主になってからの領国である近江出身者が多い。秀吉の本妻であり苦労を共にした北政所《きたのまんどころ》を支持する側と秀頼の実母淀殿《よどどの》を支持する側との対立もある。その一方の雄が三成なのである。というより三成が割れてしまう状況をつくったと言った方が的確だろう。

三成は戦においてはたいした手柄を立てていない。そもそも秀吉も彼にそれを期待していたわけではない。企業で言えば経理だの法務だの渉外だの総務だの庶務だのといったところが彼を含む官僚派の役割である。仮に三成が戦において手柄を立てていても、それは戦前交渉や補給、終戦交渉など武人としてのそれではない。実は戦場における剣や槍の腕前、戦術と同じくらい、戦前の外交交渉などは重要なのだが、武人たちにはそれがわからない。首を取ったのは俺だ、命懸けで戦ってきたのは俺だ、とこうなるわけである。まして自分たちは創業当時から会社、いや秀吉を支えてきたのに、ある程度大きくなってから後から新参者として加わってきた外様連中である官僚派が大きな顔をしているのだから、余計に気に喰わない。おまけにこの三成がまた頭は切れるが、そうした武将の人情の機微に疎いときている。これでは嫌われるのも無理はなかろう。

●七将による三成襲撃。そのとき三成は、家康は

そんなわけで秀吉恩顧の大名の中で武断派の七人は三成許すまじと行動を起こしたのであった。メンバーをざっと紹介しておこう。まずは加藤清正。秀吉の遠い親戚筋として小さいころから彼に仕え、賤ヶ岳で手柄を立てた。後に肥後熊本の城主となり、朝鮮でも大活躍をする。虎退治の伝説は有名だ。築城をはじめとする土木など実は政務に関しても有能だったがイメージは戦場中心だ。そして彼の盟友であり、やはり親戚筋で幼少期から仕え、山崎、賤ヶ岳で手柄を立て、伊予（愛媛）今治や尾張清洲に所領を与えられた福島正則。彼にはキリスト教保護派という意外な一面もある。そして三人目は五奉行のところで紹介した浅野長政の息子浅野幸長《よしなが》。さらに四人目として秀吉の軍師として有名な黒田官兵衛《かんべえ》孝高《よしたか》（如水《じょすい》）の息子キリシタン大名黒田長政。この本でも既に紹介した細川幽斎の息子、細川ガラシアの亭主としても知られる細川忠興《ほそかわただおき》が五人目。ここまでが確定。残り二人は書物によって顔ぶれが異なる。次々に主君を変え世渡り上手のイメージで有名な藤堂高虎（実際はむしろ実力があり、その実力

を認めた者に仕えていたようだ)。講談では盗賊の親分から秀吉の武将となったことで有名な(史実ではない)蜂須賀《はちすか》小六の息子蜂須賀家正。この二人をメンバーに加えている場合がある。一方で、松山城(愛媛)の築城で有名な加藤嘉明《よしあきら》と信長の重臣、池田恒興《つねおき》の息子である池田輝政《てるまさ》をメンバーとしていることもある。いずれにせよ最初の五人を含む七人が三成暗殺を企てたメンバーである。

佐竹義宣《よしのぶ》にこのことを聞かされた三成は家康に和解を仲介され、騒動の責任を負って領地の佐和山に蟄居させられている。なおこのとき家康の屋敷に転がり込んだという話もある。よりにもよってなぜ家康のところなのか。「三成が死ねば豊臣家恩顧の大名らの分裂は解消され一つにまとまる。そうなると一番困るのは家康だろう」と、そこまで測っての三成の考えだった。実際に家康のところに匿《かく》われたかどうかはわからないが、家康が三成を殺されてしまっては困ると思ったのは間違いないところだ。

気がついてみると家康にはほとんど敵がいなくなっていた。実力と格の上で自分に対する唯一の対抗馬であった前田利家は死去してしまっている。実力では比べるべくもないが、こちらの行動の矛盾を発見し、追及する勇気を持ったわずらわしい石田三成も佐和山に蟄居させてしまった。家康のすごいところはこの段階でもまだ安易に事を運ばないところである。じわりじわりと既成事実を積み重ねていくのだ。

●家康、さらに暗躍。兼続、景勝と共に会津へ戻る

三成引退後家康は伏見城に入る。大坂城と並んで豊臣家の権威の象徴であり政庁である伏見城に居座るのである。秀頼は大坂城にいるためにさすがにそこにいきなり入ることはできない。まず伏見城から抑えにかかったわけだ。家康がここにいることでここから発した命令は家康個人のつまり徳川家としてのものではなく、あくまでも豊臣家の代官としてのものであるという大義名分が成り立つわけだ。一方の三成は佐和山に隠居の身、公的には官職に就いていないということにされてしまった。大義名分をどちらが唱えやすいかは言うまでもないだろう。その後家康は、朝鮮での失策を秀吉に問われ責任を取らされた大名たちの名誉を回復し、失地を取り戻してやった。これにより彼らの心は完全に家康に傾く。三成がいないのでやりたい放題なわけだ。

そして六月から順に大坂・京に滞在中の諸将を国許に送り返す。朝鮮出兵のため、長いこと国許《くにもと》に帰っていない大名も多かった。大名の収入は国許からの年貢米がメインである。領国経営に心配を抱かない大名はいなかった。「あとは私が責任を持って政務を担当し秀頼様をお守りするから」などと言われれば、誰もが喜んで領国へ戻るのは至極当然のことだった。

言うまでもなく、兼続も主君景勝も領国経営が気がかりでないはずはなかった。長

年の領地越後から新天地会津へ転封させられたばかりだったからである。ようやく会津への引っ越しが完了したばかりで、秀吉の死により再び上洛してきた景勝にとっては「そこもとも一度会津にお戻りになられてはいかがであろうかの」という家康からの帰国の勧めは渡りに船だった。もちろん景勝は愚鈍な大名ではなかったから、家康のたくらみに気がついていないわけではなかった。兼続も家康の野望に気がつかないわけがない。しかしそれでも領国に戻り、軍や城や糧食を整えねば、いざ何かあっても家康と事を構えることさえできない。八月、兼続は主君景勝と共に上方を後にする。そしてその月のうちに会津へ到着したのであった。

●家康、大坂城へ。前田利長を弾劾

九月、家康は今度はついに本丸である大坂城に入り込む。現在ではマイナーになってしまったが、明治期まで盛んに祝われていた重陽《ちょうよう》の節句という日があった。九月九日、奇数は縁起がよいとされ、九が重なるこの日は一月一日の元旦や五月五日の端午の節句などと同様、お祝いがなされていたのである。この節句にあたって家康は秀頼を見舞う。つまり大坂に顔を出すというわけだ。問題はそこからどうそのまま大坂城に居座るのか。これについても家康は天才的な知恵を発揮した。前田利家の子、前田利長を中心に家康を暗殺しようとしているという噂があると言い出したのだ。

家康はこれをまたもやすり替え、豊臣家の重臣である自分への暗殺計画は豊臣家への謀反《むほん》であるとし、仕置きのために大坂城西の丸に居座ると主張した。西の丸には当時秀吉の正室である北政所が居住していたが、彼女は抵抗なく家康に西の丸を明け渡した。ついに家康は大坂城に入ってしまったのである。豊臣家の天下を簒奪しようとする家康が、当の豊臣家の名のもとに政務を担当できるのだから、これはもうやり放題だった。年若い二代目社長の下、専務が社長の追い落としのために当の会社の名前と金を使って手はずを整えていたようなものだ。

家康は暗殺計画の中心である前田利長の加賀を征伐すると宣言した。自分に逆らうのは豊臣家への謀反と同じであるというお得意の論理のすり替えである。これを聞いて前田利長は驚愕《きょうがく》した。なぜってそんなことは微塵《みじん》も考えていなかったから。つまり濡れ衣である。なんてことはない、当の家康本人が噂の出所だという説も有力なほどだ。確かにこの噂で一番得をするのは家康自身、しかもこの国の歴史においても応天門《おうてんもん》放火事件などこうしたたくらみは過去に例がないわけではない。ようやく金沢に戻ってきたばかりの利長は、この報告に唖然《あぜん》とすると共に急遽弁明の使者を立てた。おそらく利長単独の行動ではなく、彼の母であり亡き利家を支え続けてきた妻、あの「おまつ」こと芳春院《ほうしゅんいん》の助言もあったと思われる。家康からの返答は「謀反の気持ちがないのなら証拠を差し出せ」である。そして家康が差し出せといった二心を抱いていない証は人質であった。ズバリ芳春院を差し出せというのである。しかも大坂ではなく江戸に。豊臣家に対し謀反のない証ならば大坂に差し出すのが筋であるが、もはや家康にはそのような理屈は通らなかった。すべて承知の上での無理な要求なのだから。結局おそらく芳春院自身から利長への戒めもあったことだろう。彼女は江戸へ向かっている。このときに前田家に「内府（家康の役職　内大臣から）何するものぞ」という主戦論はきっとあっただろう。利家の代に一代で急成長した前田家である。徳川より格下であるかのような扱いに我慢できなかった譜代の家臣も多かったはずである。まして利長は二代目、景勝もそうだが二代目というのは必要以上に初代の威光を意識してしまうもの。「初代が築き上げたこの前田家が俺の代になってなめられたのでは」と逸るのも当然のことなのだ。だが前田家にはそれを治めることができる人物がいた。「おまつ」こと芳春院である。彼女の決断が前田家を救い加賀百万石の礎を築いたのである。

●次の標的は上杉家

家康の次の標的はほかならぬ上杉家だった。このとき景勝は当の家康の勧めもあって新領地である会津に立ち戻っていた。

慶長五年（１６００年）がついにやってきた。歴史に疎い人でもご存知のあの関ヶ原の戦いのあった年である。そしてそれは同時に多くの大名たちの人生を大きく変えてしまった年であるとも言える。この年元旦、新年の挨拶に兼続が景勝の使者として送ったのは藤田信吉《ふじたのぶよし》だった。武田勝頼の家臣から上杉家に仕官した男である。（何度も主君を変えているが寝返りではない）藤田は大坂城本丸の秀頼に祝賀の挨拶をし、ついでその足で西の丸の家康の元を訪れる。これは彼に限らずほとんどの大名が同じ行動をとっており、もはや大坂城内に二つの権力が同居していたことは誰の目にも明らかだった。ここで藤田は家康から刀などを賜り、快くもてなされている。家康のような身分の者にそのようにもてなされて悪い気はしない。藤田は家康に好感を持った。このように家臣を籠絡することも家康の得意技だ。そしてその場で家康は藤田に言付けをしている。「お家（上杉家）に関してよからぬ噂を聞いている。堀秀治《ほりひではる》によれば上杉家は領国において武器を集め、道路を整備し、川に橋を架け、浪人を招集し、謀反をたくらんでいるということじゃ。まさか中納言殿（会津中納言。景勝のこと）に限ってそのようなことはないと思うが、こうした時節柄疑われるような行為は慎み、自らが上洛して潔白の申し開きをなさるように」とまあ概ねこのようなことを藤田は家康から伝言するよう命じられた。

堀秀治というのは信長の側近から秀吉の配下の武将となった堀秀政の息子である。彼は会津に転封した上杉家の後を引き継いで越後に転封されていた。実はこのときにちょっとしたトラブルがあったのである。転封時に兼続は米を全て領国から持ち去ってしまっていた。このような時は後からやってくる大名のために年貢は半分だけ徴収するのが暗黙の了解事だった。ところが兼続はそれを全て持ち去ってしまっていたのだ。新領地からの収穫をあてにしていた堀が困ってしまったのも無理はないだろう。秀治の家老堀直政はこれについて、兼続にさかんに持ち去った米のうち半分を返すように請求した。ところが兼続はこれをはねつけたのである。「当家（上杉家）が会津に入った折にも、（旧領主だった）蒲生が米を全て持ち去ってしまっていた。だから当家もそうした。堀家が転封の折、そのようになされなかったのはそちらの勝手なご判断によるものだから、当家のあずかり知るところではない。堀家の旧領国である越前北の庄の新領主と交渉すればよかろう」とまあこんな按配《あんばい》であった。我々の知る兼続の行状にしてはいささか冷たすぎる印象がある。しかし文言はともかくとしてこれに近いことがあったのは事実である。しかし、隣国が仲の悪いのは当たり前のこと。今風に言えば商圏がバッティングしてしまう同業者のようなものなのだから。そしてその一方の言い分を安易に聞くのもまたおかしなものではある。新領地で土木事業を営むことは不自然なことではないし、戦に臨む気があるのならむしろ橋も道も整備しない方が得策だろう。

要するに上杉家に対する家康の牽制であり踏み絵であった。藤田は会津に戻ると早速その旨を景勝同席の下で兼続に伝える。藤田は積極的に上洛を勧めた。その理由が己の保身なのか、上杉を思ってのことなのか、籠絡されてのことなのか、そのあたりは定かではない。景勝の意を酌んだ兼続の答えはＮＯであった。このあたりが最後の最後に女性が、それも年配の女性が判断を下した前田家とは好対照で面白い。上杉家は秀吉に恩を感じている。特に謙信の代ならいざ知らず、景勝の代は秀吉と組まねばお家が滅んでいたかもしれなかったのだから余計にそれがあった。秀吉末期の転封は必ずしも喜べるものではなかったが、他の大大名の中でも比較的秀吉に優遇されていたことは兼続も景勝も十分に感じていた。また兼続には秀吉の側近三成と長年培った信頼関係がある。三成の口利きによって上杉家が如何に処遇において他の大名より有利に取り計らわれていたか、兼続にはよくわかっていた。そして何より上杉家は「義」を重んじる家風である。カリスマ的な指導力に関しては謙信より劣ることなど自分自身でわかりきっているだけに、なおさら景勝は義を尊んだ。「そもそも会津に帰ることを勧めたのは当の家康ではないか」という思いもあった。兼続はわかりきっていることながら、景勝の顔を見る。景勝はうむと首を縦に軽く動かす。こうして兼続の口から上洛の勧めへの拒絶がキッパリとなされたのであった。

●幻の巨城

兼続四十一歳、主君景勝は四十六歳、もはや青年期も過ぎ、己の言動に責任を負うことができる二人だった。そしてこのとき彼らは覚悟を決め、来るべき戦への備えを開始する。それは新城の築城だった。元々あった若松城（会津若松城）は手狭で拡張も難しかったためである。

新城建築に当たって当初兼続が考えたのは会津中央の湯川村での築城だった。だが諸事情により断念。そして最終的に若松城の北西約三キロの神指《こうさし》村を中心に築城を決めた。筆者はこの地を訪れたが、現在の会津若松城と神指城の跡地は驚くほど近い。自転車で往復できるような距離だった。すぐそこに会津の開けた町並みがあるのに、この付近一帯は広大な平地が農地の状態で広がっていた。なるほどここならば巨城を築くことも難しくはなかったろうと感じた。

築城準備は二月に開始された。付近の住人に移転を指示。そして三月からは本丸、五月からは二の丸の工事に着工。八万人から十二万人ほどが動員され急ピッチで工事は進展。六月には土塁や石垣が完成していたらしい。しかしこの巨大な城は残念ながら未完のまま工事を終えることになる。

現在の神指城の跡地には軽く土が盛ってあり、古墳のような状態で土塁が残っている。筆者が訪れた折はこの地方特有の冬の早い日暮れ時、薄い靄の中、さみしげにしかし堂々と神指城の跡地に生えている大ケヤキが、歴史の重さを感じさせてくれた。

第四章

直江状と関ヶ原

直江兼続の名を天下に知らしめた直江状。そこには、義と理がぎっしり詰まっていた。しかし、それは関ヶ原の決戦を引き起こす起爆剤となってしまう。そして、三成の死。時代は止まらない。

●決起集会、上杉家の武門の誉れを今こそ

ほんの数ヶ月遡って三月、景勝は先君謙信公の二十三回忌法要を盛大にとりおこなった。これ自体は何ら不思議なことではない。現在でも法事となれば遠くに離れた親戚などが集結するものだ。当然このときも所領各地を治めている上杉配下の諸将が集まった。そしてここで景勝の口から家康と相対する旨の意思表示がなされた。いわば亡き謙信公の墓前での決起集会が行われたのである。諸将の士気を高めるには最高の舞台だった。もちろんこの最高の演出は兼続によってなされたものだろう。

これを聞いた藤田信吉は出奔《しゅっぽん》を謀った。上杉家謀反の報を手土産に家康に寝返ろうとしたのだ。この動きは兼続も読んでいた。すぐに藤田一行は兼続が差し向けた追っ手の攻撃に遭う。しかし藤田本人はどうにかこうにか脱出に成功し、江戸城にいた家康の三男秀忠のもとへ駆け込んだ。秀忠は三男といっても跡取り息子である。家康の長男信康は信長の命令で家康自身が殺害していた。次男秀康は秀吉の養子になって後、結城《ゆうき》家の後継ぎとなっていた。秀忠は仔細を聞くと早速側近の榊原康政《さかきばらやすまさ》の勧めもあり、事を大坂の家康に伝え指示を仰ぐことにした。

●会津への詰問状

家康は待ってましたとばかりにこの知らせを受けた。そして在坂していた毛利輝元、宇喜多秀家に諮る。事はあくまでも豊臣家の執事としての行動として起こさねばならない。徳川と上杉の私闘では意味がないのだ。五大老のうち領国にいる前田利長と当の上杉景勝を除く三名での相談はそのためには必ず踏んでおかなければならない手順だった。ここで毛利輝元と宇喜多秀家は上杉討伐を主張する家康に異を唱えた。新領の会津に移った上杉家にとって土木工事等が必要なのはもっともであり、またこの情報をもたらした藤田という者は出奔してきたくらいなのだから、上杉への恨みがあるはず。それを一方的に鵜呑みにするのもおかしな話だというのである。

家康はこの二人がこのように抵抗してくるとは思っていなかった。しかしここでごり押しはまずい。妥協の結果、一旦上杉家に使者を派遣することとなった。使者に選ばれたのは家康の家臣伊奈図書昭綱《ずしょあきつな》と増田長盛の家臣河村長門《かわむらながと》の二名だった。彼らに臨済宗相国寺に連なる豊光寺の住職である西笑承兌《さいしょうじょうたい》の筆による詰問状を持参させ、会津へ派遣したのである。

西笑承兌はかなり苦労して文面を作成した。彼は家康の相談役でありながら兼続とも連歌などでのつきあいがあった。だから上杉への思慮もなかったわけではない。また豊光寺や相国寺へのとばっちりも防ぎたかった。相反する立場に挟まれた彼が作成した詰問状の内容はざっと次のようなものである。

「景勝殿が上洛なさらないので家康様は大層不審にお思いのご様子です」

「聞けば新しい城を造り、武具を調達し、道路を整え、橋を架けておられるとのこと、これでは疑われるのも無理はありません」

「堀秀治殿の訴えへの申し開きもきちんとなされないと」

「景勝殿の律義さはよく存じておりますので、起請文を書いて謀反のないことをお誓いになられますように」

「前田家のこともご存知でしょう。あのときも家康様の裁量で円満解決となりました。その例に見習ってください」

「高麗への再出兵の相談もせねばなりません。そのためにも再度の上洛を」

こうした内容の書面を手にし、使者は四月に入るとすぐに会津へ向かった。

●直江状、時の権力者に理を説いた熱き書状

会津では二人の使者を兼続と景勝が出迎えた。西笑承兌からの詰問状を使者から受けとると、主君である景勝がまず一読、そして兼続にこれを手渡した。兼続はこれを一笑に付す。念のために景勝の意向を確認するため、軽く主君の様子を窺う。目が合った景勝は兼続に対し、言葉を発することなく深くうなずく。彼らの意思に違いがあるはずはない。この大事に至ってもそれは同じであった。兼続は返書をしたためる。

これこそがかの有名なあの「直江状」である。

直江状は長い書状であり、原本は見つかっていない。したがって写ししか現存しないために後世の偽書ではないかという説もある。しかしあまりにも有名な書状で、直江兼続の代名詞のようなものである。ここにあえて全文を紹介する。なお原文は米沢市上杉博物館所蔵のものの文面を参照させていただいた。訳は筆者による。（）内は筆者が想像で付け加えた部分である。

なお直江状は、家康の代理で筆をとった西笑承兌に、直江兼続が旧知の間柄であることを踏まえて返答したという形をとっている。もちろん兼続は家康が書状を読むことは想定していたが、あくまでも表向きは西笑承兌への手紙であることを知っておくとわかりやすい。

直江状（実際にはそのような名前がついていたわけではない）

今月一日に貴殿がお書きくださったお手紙

十三日に拝見しました。

（我々のことを気遣ってくださるお手前のご健在なことを知り）嬉しき限りです。

一つ　この我ら上杉の治める会津に関し、そちらの上方（京・大坂）方面では種々雑多な噂があるとの仰せ、そしてその噂に関し内府殿（内大臣。家康のこと）が疑惑を感じられたとのこと、なるほどごもっともなことでしょう。しかしながら（実際に足を運んで真偽を確かめることが可能な）目と鼻の先の京と伏見の間においてさえ、様々な噂が絶えることはありませぬ。まして我らなどこのように京・大坂から遥かに離れた地にあり、より多くの噂が飛び交うのもまた無理のないことでしょう。そのあたりに御配慮いただき、一々真に受けられませぬようお願いしたき所存にござります。

一つ　当家の主、景勝の上洛がなかなか果たされぬため、内府殿はご不審に感じておられるとのこと。これもごもっとも。（しかし、ご存知のように）我が上杉家は昨年国替えのご沙汰をいただき、ようやく引っ越しを終えるとすぐに上洛いたしました。そして昨年の九月に当地に戻ったのですが、その正月にまたも上洛を仰せつかっては、いつ新しく賜った領地の政務が行えるというのでしょうか。当地は雪国であります。十月から三月はほぼ何もなすことができませぬ。（お疑いであれば）それは会津の地理に精通した者にでもご確認ください。そうしていただければ、（なるほどこれでは無理もない）何者かが、景勝を陥れるために讒言《ざんげん》をしておるのだな、とご納得いただけるはずです。

一つ　もし当家の主である景勝に謀反の気持ちがないのならば、その旨誓紙に一筆したためろとのご命令でありますが、そのようなものは既に昨年以来何通もしたためてお渡ししております。同じ事を何度も申し上げても意味がないように思うのですが。

一つ　亡き太閤殿下（秀吉）ご存命の頃より当家の主景勝は律義者であると言われておりました。それについては今でも変わりはありません。ところが世間では朝につけ夕方につけ態度や法令の解釈など、頻繁に変わっているご様子。景勝はそのようにころころと気持ちを変えたりはいたしません。

一つ　当家の主、景勝には最初から謀反の意思など微塵もないのですが、（景勝を陥れようとする）逆臣の申すことの真偽を問いただすこともなく、そのまま受け止めて「景勝は逆臣だ」と決め付けてしまわれるのなら（最初から結論が決まっているということになり）もはや何を申し上げても無駄でしょう。（生意気を申し上げますが）根拠もなく景勝を陥れるために根も葉もない噂を立てている者とご対面なさってその真偽を問うてください。もしそのようになされぬのなら、（ご自分の判断でご自分に都合のよい讒言のみを利用なさっておられるということになって）内府殿こそが（豊臣家を思うお気持ちに）表と裏がおありだということになってしまうと思うのですがいかがでしょうか。

一つ　加賀にいらっしゃる前田肥前守利長殿へのお仕打ちのこと、内府殿の思うがままに事を運べましたようで何よりでしたね。（理を曲げてしまえるとは）たいしたご威光ですね。

一つ　（中立の立場である）増田右衛門長盛、大谷刑部少輔吉継をお呼び出しになり、委細を確認されたのはよいお仕事でしたね。（それに比べ、内府殿の臣下でいらっしゃるから申し上げるのも恐縮ですが）榊原式部大輔康政ときたら。彼は公式に内府殿から景勝への取り次ぎ役を仰せつかっているはず。ならばきちんと確認し、景勝が謀反をたくらんでいるとの事が明確に確認できた後に、内府殿にご注進されるのが侍の筋というものでしょう。それくらいのことができず、虚偽を並べ立てている堀監物の言い分をそのまま鵜呑みにし、内府殿に報告するようでは、（結果的に内府殿の正しい判断を妨害していることになりますゆえ）分別がなさ過ぎるのではないかといわざるを得ません。

一つ　そもそも根拠のない噂への申し開きに上洛は出来ぬ事情については申し上げたとおりです。

一つ　（当家が）武具を収集しているとのことですが、上方の（公家文化に触れている）武士は今焼だの炭取だの瓢だの、そうした茶器を収集なさる趣味をお持ちのようです。一方我らは田舎武士。（上方の公家風の文化など浸透していないところにおります。）その収集の対象が鉄砲や弓、槍などのような武具であっても不思議はないかと。これは単に地域の風俗の違いというものでしょう。〈そもそも景勝は百二十万石に加増いただいたので秀頼殿や内府殿のご期待に沿うためにもそれにふさわしい武器を備えねばなりません。〉にもかかわらず武士が武器を集めているなどという理由でこれを断じるならば、内府殿の評判を落としてしまうような、あるまじき裁定と言われてしまうのではないでしょうか。

一つ　道路を整備し、船着場を整え、橋を架け、国内の交通路を整備するのは、国を治めるものなら誰でも当然しなければならない施策と心得ておりますが。無論（会津に転封賜る前に我々は）越後においてもそのように船着場、街道等整備して参りました。（これらはそのまま壊すことなく残してきてありますゆえ）（現在越後を領国とする）堀監物も承知しておることかと存じます。会津でことさらにはじめたことではありませぬ。（したがって謀反の準備などではありません）越後はかつての我らの領国であり勝手は知り尽くしております。そもそも我々に本気で堀の所領を狙う気があるのならば造作もないこと。そのためにわざわざ街道の整備などするまでもありませぬ。また道路の整備に関しては（会津は四方八方の隣国に臨んでおりますが）国境を接する他の大名のお歴々からは何のご不満もいただいておりませぬ。ただ堀監物ばかりが我らの街道の整備に脅え、内府殿にあることなきこと讒言しておるのでしょう。まったく武士の本分を知らぬ愚か者であると思われることです。仮に道路の整備でこちらから攻め入ることが容易になったとしても（その逆に攻め入られることも容易になります）それすらわからぬとはうつけ者と言わざるを得ませぬ。江戸よりわざわざ御使者がお越しになり、道路について御検分になられるとのこと。ご不審がおありでしたら白河口ばかりでなく奥の方までご存分に検分なさってください。さすれば我々に謀反の意などないことがおわかりいただけましょう。

一つ　景勝は本年三月に亡き謙信公の二十三回忌法要をいとなみました。それゆえ種々雑多な用務に追われておりましたが、それが済み次第、夏頃には上洛いたす所存であります。そのような準備をしておりましたところへ増田長盛、大谷刑部少輔吉継の両名が使者として申されるには「景勝殿に謀反の心ありとのこと、もしそうでなければ上洛し申し開きをするのが筋である」と内府殿が仰せとのこと。讒言をなした者の申し分の正誤を吟味されることこそ肝要であると思われるのですが、こちらが「謀反の意思など持ち合わせておりませぬ」と申し上げておるのに、ただただ上洛せよとまるで赤ん坊のような仰せ、これには当家もついてゆけませぬ。（太閤殿下がお亡くなりになって以降）昨今では昨日まで謀反をたくらんでおった者でも、それが見破られ、成就しなかった折には、何食わぬ顔で上洛し、（謀反をたくらんでいたにもかかわらず）新たな知行《ちぎょう》（領地）さえ賜っているとか。そのような恥も己の領分もわきまえぬ最近の大名の振る舞いは、当家主である景勝にはできませぬ。謀反の意思などこれっぽっちも抱えておりませぬ。にもかかわらず逆心を抱いていないのに釈明のために上洛したとあっては、（上杉家の名誉に泥を塗ってしまうことになり）義と名誉を重んじた上杉家の先祖代々のお歴々に申し訳が立ちません。讒言を申し立てた者の言い分を検証なさり、真相の究明をしていただかなくては、景勝は上洛できませぬ。景勝のこの言い分がもっともであるか否か、十分にご配慮くださいますよう。とりわけ当家の家臣であった藤田能登守《のとのかみ》においては、七月に当地を脱走出奔し江戸へ参り、そこから上洛したとのことを聞き及んでおります。（事の発端が当家に恨みを抱く彼による讒言からはじまっているのは）既に我らの知るところです。

景勝の申すことに間違いがあるのか、あるいは内府様のご発言に裏表が存在し（豊臣家転覆という）隠れた意図をお持ちなのかは、世間の人々がお決めになることでしょう。

一つ（約束を守る意思がなく言葉に込める思いが軽い者には）千の言葉も万の美辞麗句も（単なるその場限りの社交辞令に過ぎず）無用でしょう。景勝は己が述べたことと裏がえしの気持ちなどはじめから持ち合わせてはおりませぬ。上洛の件は呑めません。これについては是も非もございません。何度も申し上げているように、内府様にご分別がお戻りになり、（筋を通して讒言者の発言の真否を吟味してくださったならば）その後に謹んで上洛いたします。（仮に我らが）このまま会津にて（謀反の準備を整え）、亡き太閤殿下の御遺命に背き、これまでにお書きした数通の起請文（にてお誓い申し上げた約束）を反故にしてしまい、幼少でいらっしゃる（太閤殿下の御遺児であらせられる）秀頼君との君臣の別を忘れ、謀反を起こし天下を手中に収めたとしても、（そのようなことをすれば当家上杉家は）悪人であると歴史に名を残すことを逃れることはできず、子孫末代までの上杉家にとって不名誉な恥となります。その程度のことを思慮することなく軽挙妄動に及ぶほど、当家の主景勝は愚か者ではございません。

さりとて、ここまで申し上げているにもかかわらず、まだ不心得の讒言者の申すこと

豊光寺承兌書状（『歴代年譜景勝公巻22』、米沢市上杉博物館所蔵）

景勝に上洛を求める書状。書状の差出人が、豊光寺承兌となっているのは、西笑承兌が、関ヶ原合戦当時、豊光寺の塔主であったため。

直江状写（米沢市上杉博物館所蔵）

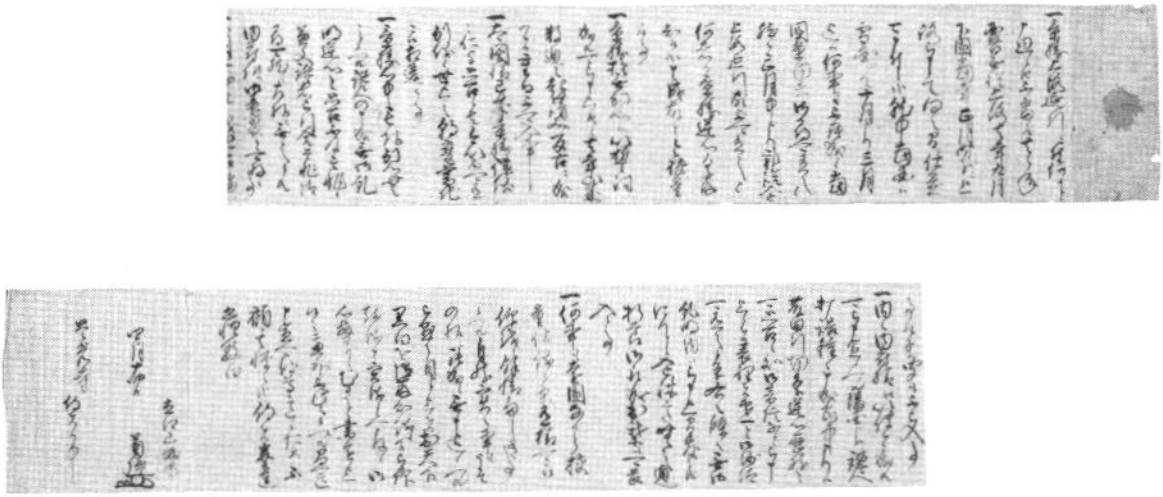

豊光寺承兌への返信の書状。上が書状の前半部分と下が後半部分。「一景勝上洛延引付何」から始まり、「直江山城守　四月十四日　兼続　豊光寺　待者御中」で終わっている。兼続の下には花押がある。

を鵜呑みになさり、当家を不義（裏切り者　謀反人）として取り扱われるのならば、（もはやそのような方にわかっていただきたいとも思いませぬゆえ）これまでに誓わせていただいた言葉も交わさせていただいたお約束も無かったものとお思いいただいて結構です。

一つ　そちらで上杉景勝は謀反を企んでいると流言をおたてになるので、当地の隣国でも「いざ会津で手柄を立てん」と（当家に攻め入るために）人数をそろえたり、兵糧米を確保したりなどしているようですが、自分で考える頭を持たぬ無分別な者のすることゆえに相手にしてはおりません。

一つ　本来ならば我らより内府様へ使者を参らせ申し開きをすべきところではありますが、何分隣国の（堀監物の）ような者が当家への讒言をお伝えしており、また当家からも出奔した藤田能登守らがあることないこと申し上げていると思われるため、そちらの詮議が先かと存じます。先入観なく申し出の真偽を吟味いただき結論を出していただければありがたく存じます。

一つ　何ゆえにも、我らは京・大坂より遠く離れた地におりますれば事態を推し量るしかありませんが、このままお伝えいただきたい。事の真偽は天下がご存知でしょう。お心に甘えまして気持ちのままに筆を進めました。配慮が足りぬ部分もありますが、私の拙い意見を申し述べた次第です。より確かなご審判を仰ぐためにあえて何もかも包み隠さず申し上げました。よろしくお願いいたします。

直江山城守兼続

慶長五年　四月十四日

豊光寺　ご住職へ

長い、とにかく長いので読者の皆さんもさぞお疲れだったことだろう。いくつか特徴を整理すると、まず論理的であることが挙げられる。「仮にそうだとするとこれもまたこのように言えるはず」といった具合に極めて論旨が明確である。次に例示等もなされているため、主張の正しさがわかりやすくなっていることも挙げられる。これは直江兼続が説明上手教え上手だったことの証《あかし》である。また筋論に非常に強くこだわりを持っていることもわかる。これは主君である景勝の思惑でもあり、兼続自身の性格でもあり、上杉家の家風でもあった。利や世渡りなど微塵も感じない。ひたすら義と理が存在するのみだ。今風に言えばポリシーに忠実というか、こだわりがあるというか、空気を読まないというか。そしてこれは不思議なのだけれど、それだけ論理的な文章であるにもかかわらず、あまりにも繰り返しが多い。直江状は西笑承兌の書状への返信であり、実は西笑承兌の書状自体に内容の重複が多いからという理由はあげられる。また大切なことを繰り返すのは当然といえば当然とも言える。しかしそれにしてもやや度が過ぎている。ここから考えられる可能性は二つ。一つはよほど讒言者である堀や出奔した藤田に腹を立てていたのだということ。ここに彼らの言い分を安易に信じる家康への揶揄《やゆ》も加わる。家康が彼らの讒言を利用しようとしているのがあまりにも見え透いて腹立たしかったこともあるだろう。意図的なものなのかもしれないが、それにしてもやや稚拙《ちせつ》でこれはやはり感情のなした業だと言える。二つめの可能性は、これがオリジナルの形を大きく離れてしまった総集編のようなものなのではないかということ。つまり、写しが出回るうちに重複してしまったり、同じことを言っている箇所でも違う表現がとられているところは別途採用されたりしているうちにこのような形で残ってしまったという考え。これはもちろん筆者の思いつきに過ぎない。しかしもしそうだとすると、論理的な文章を書く兼続がこのように必要以上に重複を繰り返す稚拙なこともやってしまったことへの説明はつく。また直江状が偽書である（にせもの）と主張される説の強い根拠は「あまりに出来過ぎだから」というものだが、これにも説明がつく。オリジナルの文章はシンプルだったのが、写しを繰り返すうちに後世の者が自分の考えや補足を織り交ぜてしまったと。そう考えると納得できるのだが。いずれにせよ、この通りの形ではないにせよ、直江状が存在したことは間違いない。もし存在しなかったのならば、家康にとっての開戦のきっかけであり、根拠となるものがなくなってしまうのだから。そしてオリジナルの直江状は、仮にこれが偽書であったとしても、内容的にはこれと大差のないものだったろう。

そして実は世に多く存在する写しには収録されていないのだが、講談本などでは必ずお目にかかれる一節がこの後に存在する。それこそ後の創作である可能性も低くないのだが、読者諸氏の溜飲を下げていただくために、また直江兼続という人が巷間でどのように評価されてきたかを知っていただくために、あえて書き添えよう。

「急いでおりましたゆえに、一息に（申し上げたいことを）申してしまいました。内府様（家康）あるいは中納言様（秀忠）がこちら（会津）にお越しになると伺っています。万事はそのときに決着をつけましょう」

ここまで来ると、もはや完全に家康と秀忠が来るのならこちらも受けて立つという挑戦状である。

この直江状を送ったことで上杉家は家康に宣戦布告を果たした。いやむしろ売られたケンカを買ったというべきか。しかし兼続や景勝のこの自信はどこからきたのか。兼続も景勝も確かに義を重んじている。しかしだからと言って、そのためにお家を滅ぼしてよいというような感情のままに生きるような人物ではない。この時点で何らかの勝算があったはずである。

兼続が盟友である石田三成と前もって打ち合わせていて、東西から家康を挟み撃ちにすることになっていた。講談ではそんなスケールの大きな話も語られている。可能性はある。しかしそれを証明できるような史料は残っていない。だが領国会津が家康本隊と伊達・最上らに囲まれる形になったら、いくら上杉でも勝ち目はない。したがって三成との密約があったにせよなかったにせよ、家康が動けば背後で何らかの動きが起こることは兼続も景勝も間違いなく読んでいた。さあ、いよいよ兼続にとってのクライマックスの火蓋が切って落とされた。

●家康天下取りの最大の貢献者は直江兼続？

直江状を受け取った家康は「このような無礼な手紙を受け取ったことは今までにない」と憤怒した。それは本心だったのか演技だったのか。まああれだけのことを言われてからかわれたのだからさすがにクールな家康も感情を動かしたはずだ。と同時に、彼が小躍りしたいほど喜んだのもまた間違いないことである。なぜならこれで彼には上杉討伐の大義名分が出来たのだから。豊臣家の政務を執る者として行動する以上、大義名分はどこまでいっても必要であった。この上杉討伐で大坂を留守にする間に、三成らが挙兵してくれれば最高の形だった。それを一気に討ち破ることで対抗勢力を一度に消し去ることができる。しかしそこまでいかなくても今回の上杉征伐には意味があった。前田に続いて上杉を破れば未だに家康についていない大名らも一気に旗色を鮮明にするだろう。また上杉討伐に参加するかしないかによって、どの大名が自分の側につくのか、相手の側につくのかがはっきりする。それだけでも大きかったのだ。

この点を考えると兼続の直江状は別の意味をも持つことになる。直江状は、義をないがしろにし、卑怯な振る舞いを続けるが、誰も怖くて文句を言えないでいた家康を一喝したものだ。胸のつかえが取れるほど気分がよくなった人も少なくないだろう。「直江兼続、よく言ってくれた」と。しかし反面、この直江状がなければ家康の天下統一は遅れていたことが考えられる。たとえばそれこそ家康の得意技なのだが、結論をはっきり言わず、のらりくらりと返事を先延ばしにする。そんな戦法を兼続が取っていたならば面白かったのではなかろうか。毛利輝元や宇喜多秀家が上杉討伐に乗り気でなかったのは明らかなので、のらりくらりの返答では一斉挙兵というわけにはいかなかっただろう。家康にとって一番怖いのは時間が過ぎることだった。自身の寿命の問題もある。秀頼の成長もある。秀頼が自ら意思を持って話すようになってしまえば秀吉恩顧の大名のうち人情派の加藤清正や福島正則らはどう転ぶかわからない。

　時間は家康にとっての大敵だったのだ。家康が上杉を何度も詰問し、その度に上杉に煙に巻かれていたら、諸大名の間にも「内府殿のご威光もたいしたことはござらぬな」という感も芽生えたことだろう。結果論ではあるが直江状は皮肉なことに家康が天下人となることに最大級の貢献をしてしまったのであった。

●家康、出陣

　直江状を受け取った家康はその場で上杉討伐を決断し、諸大名を集め挙兵を宣言する。六月十六日家康は大坂城を発った。なお形のうえではあくまでも秀頼の代官である。出陣に当たって家康は秀頼と淀殿のもとへ挨拶に向かっており、秀頼名義で軍資金と兵糧米も賜っている。当の淀殿がこの調子なのだから豊臣恩顧の大名で家康方についた者を責めることはできないだろう。なおこのとき家康は伏見城に留守居役として鳥居元忠《とりいもとただ》を残してきている。鳥居元忠は家康がまだ竹千代と呼ばれた幼少期からの側近で、秀吉からの報償も「主君である家康以外からもらういわれはない」と受け取らなかったほどの男である。彼を置いて来たということからも、家康が上方での挙兵を予期していた（むしろ期待していたといったほうがいいかもしれないが）ことがはっきりとわかる。この役目は捨て石である。ほぼ確実に命は助からない。家康はこの役目を命ずるにあたって鳥居元忠と一献傾け想い出を語り合ったという。ここにも戦国の世に生きた男たちのドラマがあった。

●兼続、神指城を断念

兼続が神指城の築城を中止したのはまさにこの頃である。神指城は間に合わない。それよりむしろ家康が率いてくる大軍の入口となる白河口（福島県）をさし固める必要がある。これもあまり指摘されていないのだが、この行動はちょっと兼続にしては泥縄的な行動であると思う。神指城の完成を待ちたかったのなら、家康への返答を引き延ばせばよかったのだし、逆に家康と事を構える気が十分であったのなら、白河口にはじめから力を注げばよかったのにと思う。ただ神指城ならば自国の運営ということになるが、白河口であれば戦の準備と言われても言い返しようがない。大義名分を重んじる彼らだけにそのあたりを気にしていたのかもしれない。

●家康、気が進まぬ行軍

家康は、三週間かけてゆっくりと行軍した。彼の気持ちは上方にあった。「治部《じぶ》（石田三成のこと）めが、何をもたもたしておる。会津に着いてしまうではないか」

という気持ちだった。白河口に到達し、上杉との合戦が始まってからでは容易に引き返すことはできない。そして下手をすると家康軍は挟撃にあってしまうのである。かといってあまりに遅い行軍もまずい。参戦している大名らの戦意を削いでしまう。だからゆっくり進むのにも限度がある。このあたり家康もまた実はぎりぎりに近い綱渡りをしていたのだった。浜松・島田・駿府《すんぷ》・三島・小田原・藤沢と東海道をちょうど現在の東海道新幹線や東名高速に沿った形で東進した家康軍は、鎌倉で源氏の氏神鶴岡八幡宮で戦勝を祈願した。この時点で家康は源氏を名乗っていた。家康は源氏の血筋ではなかったのだが、彼に「いつわりでござろう」などと言える者はもはやいなかった。征夷大将軍に任命されるには源氏の血筋である必要があった。源氏の血筋を名乗り、鶴岡八幡宮で戦勝祈願し、東北征伐へ向かう。目立たないがこれこそ征夷大将軍となるための布石として最高のデモンストレーションだった。征夷大将軍職は、元々は東北の蝦夷《えぞ》を征伐するための現場の責任者のためにできた官職だったからである。

家康軍は七月二日に江戸城に入る。ここには三週間近く滞在している。江戸城は家康の息子である秀忠の居城。ここで行軍の疲れを取る、あるいは最後の準備をする、など様々な言い訳で、戦に気持ちが逸る諸将をなだめた。そもそも本気で上杉を討つ気があるのなら相手に準備を整えさせないためにも、のんびりした進軍などもってのほかだった。家康にとっては上杉などどうでもよかったのだ。しかし三成挙兵の知らせはまだない。三成らが上方で兵を挙げたのは実は七月十七日のことであった。

●兼続に策あり

この時代にはインターネットもメールも電話も宅配便もない。したがって三成挙兵の知らせが家康の元に届くまでには時間がかかる。家康は十九日、秀忠を総大将とする部隊を会津に向け派遣、さらにもはやこれ以上引き延ばすこともできないと思ったのか二十一日には自身も会津へ向け出陣した。

一方迎え撃つ側の兼続には秘策があった。白河の南に革籠原《かわごはら》というところがある。ここにそれぞれ伏兵を忍ばせておき、逃げるふりをして家康軍をこの地に誘い込んで、三方からボコボコにするというのが兼続の作戦だった。家康の軍は大軍とはいえ、広々とした平地でなければ一斉の行軍はできない。そして入口を兼続自ら、あるいは神指城の築城にも人員を派遣してくれた盟友佐竹義宣の部隊で塞げば、彼らは袋のネズミ状態になる。絶対的な数では劣るが勝算はやはりあったのだ。

●小山評定

七月二十四日、家康は下野国（栃木県）小山で、鳥居元忠から待ちに待っていた報告を受けた。「三成ら挙兵」の知らせであった。家康は進軍を中止した。そしてそれはこの時点で兼続の秘策が実現されることなく秘策のまま終わってしまったことを意味したのであった。

家康は翌日軍議を開いた。これが世に有名な小山評定である。「三成が挙兵した。よって上杉の討伐は中止。軍は西へ取って返し、豊臣家の御為にならぬ三成らを討つ」家康は諸将にこのように宣言をした。そして「妻子を人質に取られている方もおられよう、また西に向かって矢をつがえることに抵抗がある方もおられよう、そのような方は邪魔立てせぬゆえ、大坂にお戻りくだされ」と懐の深いところも見せつつ、しっかり各大名の立場を鮮明にさせた。要は踏み絵を行ったのである。

これもまたギリギリの綱渡りだった。なぜなら今回の上杉討伐軍のメンバーのほとんどは秀吉恩顧の大名たちなのである。中には家康の企みに気がついた上で、次の天下人は家康様と考え従ってきている者もいる。が、大勢はまだこの段階では家康の建前を信じている。ここで家康が利用したのは諸大名の「三成憎し」の強い憎悪の感情であった。「敵は三成である」と三成の名前を前面に出すことで、これが実は豊臣家に弓を引くことになるという点をうまくぼかしてしまったのである。会議は家康の思うがままに進んだ。出来過ぎといってよいほどに。秀吉恩顧の筆頭格である福島正則が真っ先に「徳川殿にお味方申し上げる」と家康に味方することを宣言してしまったのである。後ろめたい気持ちを抱えていた諸大名の心配もこれでふっとんだ。なんせ福島正則が家康に味方すると言うのである。彼以上に秀吉に恩がある人物もそうはいないのだから、彼が家康につくと言うのであれば、自分たちは少なくとも不義の謗《そし》りを受けることはない。同行してきた大名はみな家康の味方をすると宣言したのであった。

●景勝、生涯唯一、兼続に首を横に振る

話を家康に戻す。小山評定で諸将の意思を確認できた家康は、結城秀康と秀忠を備えとして残し、自身は大軍を引き連れ江戸城に戻った。

兼続はこの家康の部隊を追いかけて背後から叩くことを強く主君景勝に進言した。いくら家康といえども、また大軍といえども、敵に後ろを見せる兵に勝機はない。これぞまさに千載一遇のチャンスなのだ。革籠原に追い込むという作戦は絵に描いた餅で終わってしまったが、それ以上かもしれない勝機がここにある。やるしかない、主君景勝を動かすしかない。そして今までずっと主君景勝は自分の提案を受け入れてくれていた。家康を討つのは今だ。今しかない。

しかし景勝はこれを承諾しなかった。兼続の進言に景勝が首を横にふった。景勝と兼続の意見が初めて分かれたのであった。兼続は景勝にとってなくてはならない存在であり、彼がいなければ身の回りに不自由をきたすとさえ語っていた。兼続にとって

もただ一人の主君であり、秀吉からの仕官の勧めにも心を動かされなかったほどだった。景勝宛ての取り次ぎはほとんど兼続を通してなされた。重大な局面にあっても景勝は兼続に意見を奏させ、兼続の発言が終わると「諾」と首を縦にふってきた。「以心伝心」とか「アイコンタクト」という言葉がぴったりくるような二人だった。だが、この土壇場で景勝は兼続の提案に「否」と答えたのである。

二人がこの局面で初めて意見を異にしたのであった。その理由は定かではない。講談では景勝が家風を重んじ「義を重んじる上杉家が背走する敵を後ろから討つことなどできぬ」と語ったといわれている。謙信以上に家風に敏感な景勝のこと、当然それもあった。しかし本音は別のところにあったのだ。動かなかったのではなく、動けなかったのである。このとき伊達政宗、最上義光《もがみよしあき》といった強敵が上杉の背後を脅かしていた。彼らへも家康からの参戦の要請は伝わっている。それでも景勝に天下を取ることへの色気があれば事情は異なった。しかし景勝の頭には天下よりも会津の所領があったのだ。家康を追えば当然領国はもぬけの殻となってしまう。仮に家康に打撃を負わせることに成功しても、景勝の領国経営という点では必ずしもプラスとはならない。景勝は、むしろこの気に一気に家康の味方をする隣国の大名と合戦を交え、所領の拡大に努めたほうが得策だと考えた。これならば最悪守備も兼ねることができる。実際、この後景勝は兼続に命じて、そのような動きを見せるのである。この時点で上杉の大軍勢の関ヶ原への参戦はなくなった。それは三成にとっても大打撃であった。もちろん天下の成り行きまで見据えていた兼続にとって、三成を見捨てることはつらいことであった。しかし兼続は景勝には逆らうことはできなかった。彼もまた景勝のために上杉家のために命を懸けている男なのである。

天下の成り行きを見据えることはあっても、それは上杉家の存続発展のためであり、自らの天下統一の野望など、はじめから考えるべくもなかった。土壇場で主君が領国優先策を採用した以上、彼にできることはそれを全力で果たすことだけだったのだ。

こうして上杉家の目は西から北へ向けられる。そして歴史の流れは「東北の関ヶ原」「もう一つの関ヶ原」と呼ばれる長谷堂《はせどう》合戦へと導かれていくのである。

●東北の地にもう一つの関ヶ原があった

家康の命を受けた伊達・最上の両氏は上杉領への侵攻開始を今か今かと待ちわびていた。家康の命に従うというのもさることながら、もともと東北に領地を持つ両氏にとって、後から割り込むような形で入ってきた巨大戦力である上杉氏は国防の上でも精神面においても憎い敵でしかなかったのである。特に最上と上杉の関係は複雑だった。上杉家の所領は会津・米沢と庄内百二十万石だったのだが、実はこの庄内が飛び地なのだ。庄内を飛び地たらしめていたのは最上領山形だった。つまり上杉の側からすれば山形を抑えることができれば庄内まで一気に陸続きの領土を形成することができる。逆に最上にしてみれば、北の庄内と南の米沢の双方から上杉領に挟まれているため不気味でならない。伊達を加えてこの三者の関係を東北の三国志などと呼ぶ人がいるが、特にそうした事情から最上と上杉は一触即発の事態にあったといえよう。

現在でも、同じ山形県でありながら、米沢を中心とする置賜《おきたま》地方と、山形市を中心とする村山地方、新庄を中心とする最上地方、酒田、鶴岡を中心とする庄内地方というのはそれぞれ微妙に文化圏が異なっている。筆者が取材した折にも感じたのだが、同じ山形県内でも米沢は上杉びいき、山形は最上びいきの人が多かった。上杉景勝や直江兼続、最上義光や配下の勇敢な武将たちの息吹は今もなお同地で感じることができるのである。

●景勝、最上攻めを承諾

既に伊達政宗はこの機に乗じて七月二十四日、上杉方の白石城（宮城県白石市）を占拠していた。最上と呼応しての上杉攻略である。しかし最上は動かなかった。また頼みの家康も既に述べたように引き返してしまっていた。政宗は早まった感があった。しかしこういうときこそ政宗の面目躍如である。上杉に講和を呼びかけ休戦状態とすることに成功した。一方の最上も単独で上杉を相手にする力はなかった。こちらも老猾な最上義光は八月十八日上杉家に降伏を申し出ている。長男義康を人質に差し出すというその内容を兼続は鵜呑みにしたわけではなかった。伊達にしろ最上にしろ権謀術数を尽くすことで有名で、約束を反故にする可能性は十分にあった。兼続はおそらく時間を稼ぐための引き延ばし工作だろうと考えていた。ただそれでも兼続は最上攻めをすぐには開始しなかった。当面の敵家康は去ったとはいえ、戦局は予断を許さない。できれば無駄な疲労は避けたかったのだ。だが家康側についた出羽《でわ》（秋田県）の武将秋田実季《あきたさねすえ》が上杉方の飛び地である庄内領の酒田城（山形県）の攻略を開始した折、最上から支援がなされていたことがわかった。そのため、もはや最上に本心からの和解はないとわかった。伊達との休戦協定も締結していた。最上に再三にわたって米沢へ参じる旨の要求をしてきたがそれは聞きいれられなかった。そこでついに九月七日、景勝は最上攻めを決意した。

●兼続、出陣。長谷堂へ向かう

会津から米沢へ移った兼続はそこに最上攻めに参加する兵を集結させた。実父である樋口兼豊を留守居役に任命し、総勢は最上領に向けて出陣する。同時に庄内方面からも最上領への侵攻が開始された。最上勢を挟み撃ちにしようというのである。

最上勢の主な居城は本拠地である山形城の他、支城の畑谷《はたや》城、上山《うえのやま》城、長谷堂城であった。兼続はまず最上の前線基地である畑谷城に向かった。畑谷は山間の地である。ここには勇猛果敢な最上義光の家臣江口五兵衛光清《えぐちごひょうえあききよ》がいた。最上義光はいたずらに兵を分散し消耗することを避けるため、江口に撤退命令を出す。しかし江口は敵を目前にして逃亡するとあっては武士の名折れ、「この程度の兵員が助かったところで大局に影響はなし」とわずかな手勢で最後まで兼続に抵抗する。兼続も降伏を呼びかけたが当然の如く拒絶され、やむを得ず水原親憲《すいばらちかのり》の鉄砲隊の力を借りてこの城を落城させた。無論江口一党は枕を並べて討ち死にしている。ここにも敵ながら義に生きた戦国の武士がいたのであった。なおこの最上攻めには一隊の将としてあの前田慶次も参加している。畑谷城は山間の小山の上にあった典型的な山城で、規模はさほど大きなものではなかった。この地を大軍で囲まれればひとたまりもなかったろう。補給路なども確保のしようがない。江口五兵衛光清は負けることをわかっていて、主君最上義光のため、武士の誉れのために降伏を選択せず戦い抜いたのだった。寝返りや仕官の勧め等の説得もあったがキッパリと断っている。敵ながらあっぱれな武将であった。そんな人物であるせいか、今でも地元では江口五兵衛光清は非常に愛されている。彼の血筋を継ぐ方々や家臣の家系の方々の間で未だに大切にされている。メジャーな将ばかりが大人物ではない。彼もまた立派に歴史に名を残したのであった。

　九月十四日、兼続軍はさらに長谷堂城へ向けて進軍を開始した。長谷堂城は畑谷から大きな山を一つ越えたところにある。最上義光の居城である山形城の最終防衛線となるのがこの長谷堂城だった。最上攻めは主君景勝の命令であったから、兼続の進撃は当然と言えば当然のものだった。だが実はこの後兼続は苦杯を飲むことになる。皮肉にもこのとき配下の武将、上泉主水泰綱《かみいずみもんどやすつな》が「どうせ家康が敗退したら最上義光は降伏するでしょう。ならばこれ以上無理に進軍しなくてもよいのではないでしょうか」と兼続に撤退することを提案した。しかし兼続は「小城一つ落としただけで帰っては景勝に申し訳が立たない」とこれを拒絶してしまった。このとき兼続は畑谷城を落としたことをかなり喜んでいて、その旨あちこちに伝えていた。熱くなってしまっていたのだ。家康を追えなかった鬱憤をはらそうとしていた。戦局が見えなくなっていた。兼続は軍師としてかなり優秀であるように言われている。戦国ナンバーワン軍師だと評価する人もいる。しかし実は戦においての兼続の勝率というのは決して高くはない。また判断ミスなども少なくない。兼続の魅力や才覚は戦場にとどまらないから、これを理由に「兼続なんてたいしたことないじゃないか」というのは当たらない。けれど確かに戦場での兼続に関しては過大評価されていると言わざるを得ない。ここでの兼続の判断ミスは重臣を死に至らしめる結果を導き、また大勢の家中の武士を失うことにつながってしまうのである。

●天下分け目の決戦、わずか一日で決着

十五日、兼続は長谷堂城付近に到着。そしてこの日、遠く離れた美濃国関ヶ原では徳川家康の東軍と石田三成の西軍（名目上の総大将は毛利輝元）の間で天下分け目の合戦が火蓋をきっていた。ご存知のとおりこの日本史上でも有数の合戦は、なんとわずか一日で決着がついてしまう。当初優勢だった西軍は小早川秀秋の寝返りなどで一気に劣勢となり、壊滅状態へ、三成は逃亡、しかし後に地元の農民にとらえられ、家康の下へ引き渡され、処刑されることとなる。この世紀の合戦がどちらが勝つにせよ、わずか一日で終わるとは誰も思ってはいなかったことだろう。西軍の敗因はいくつも挙げられる。しかし一番大きなものは寄せ集め部隊だったということではなかろうか。島津義弘《しまづよしひろ》をはじめ陣立てはしたものの動く気がない武将が西軍には多かった。また総大将の毛利輝元も大坂城を離れることはなかった。毛利の両川《りょうせん》と呼ばれた毛利家の親戚である吉川広家《きっかわひろいえ》

「長谷堂合戦図屏風」右隻（右）左隻（左）—（齊藤茂美氏所蔵、写真提供：最上義光歴史館）。作者は戸部一憨斎正直。右隻の右上の建物が長谷堂城。また、右隻の左端中央の馬の前で行事を持つのが直江兼続。

は毛利本家を守るためになんとかして家康の機嫌を取ろうとしていて、西軍として本気で戦うことなど考えてもいなかった。他にも多くの西軍の武将が家康とよしみを通じており家康に多くの情報を流していた。西軍でガチンコだったのは三成、大谷刑部少輔吉継、宇喜多秀家、小西《こにし》行長《ゆきなが》、安国寺《あんこくじ》恵瓊《えけい》くらいだったのだから、これではどうにもならなかったろう。この時点で上杉家の命運は非常に危険な状態にあった。しかし遠く離れた長谷堂城下で陣取っていた兼続の耳にこの知らせはもちろんまだ届かない。

●いざ長谷堂城

長谷堂城は山形城のほんの数キロ手前にあった。つまりここさえ落としてしまえばもう山形城は目と鼻の先。しかも山形城は平城で、そこまでの道も特に難もない平坦なものである。長谷堂城はいわば山形城にとっての生命線のような城であった。兼続は長谷堂城から一キロほど離れた菅沢《すげさわ》山に着陣した。結果から言えば、これはあまりよい陣立てではなかった。ここからでは長谷堂城へは鉄砲は届かない。また菅沢山よりも長谷堂城の方が高い位置にあったため陣内の様子も敵に筒抜けだった。

筆者は「熊に注意」の看板に恐れを抱きつつ、長谷堂城の本丸跡地まで山を登った。山といっても小山ではあるが、それでも息を切らしての登城だった。頂上の本丸跡地からは山形城のある場所まで楽に見通せる。ほんとに目と鼻の先なのだ。さらに周囲に多く小山が存在するのだが、長谷堂城からだと全てが見通せる。軍勢の多寡など肉眼でも確認できただろう。兼続の本陣など本当に丸見えで、これは容易には落とせなかったはずだと納得したものだった。

長谷堂城は四方を湿地に囲まれて攻めにくい地形であった。そこに最上方の支城の城主らが集まった。大将は長谷堂城の城主最上家の譜代の家臣、志村《しむら》伊豆守《いずのかみ》光安《あきやす》である。今度は畑谷城のように簡単にはいかなかった。決め手がない。さらにそこへ最上義光の要請を受け、伊達から政宗の叔父である留守《るす》政景《まさかげ》などが支援にやってきて、十七日に着陣した。兼続はさらに焦った。しかしこの政景の部隊は面白いことに一旦戦陣を離れ山形城へ入ると、さらにそこを出て、山形城と菅沢山のほぼ中間地点に着陣、そのままどちらに加勢するともなく情勢を見守った。どちらが勝っても勝った方に加勢することで利をせしめようとする冷静な政宗の策である。

●別働隊、期待に応えられず。兼続、大苦戦

同じ頃、篠井康信《しのいやすのぶ》、本村親盛《もとむらちかのり》、横田旨俊《よこたむねとし》らが兼続の本隊の別働隊として、上山城の攻略に取り掛かっていた。こちらは一気に攻め立てたところ、城外に潜んでいた部隊に背後からの攻撃を受け大敗。本村親盛、椎名弥七郎《しいなやしちろう》といった将が討たれ、この部隊は最後まで本隊に合流できなかった。これも兼続にとっては大きな計算外だったにちがいない。

実際、筆者は両方を訪問して不思議に思った。上山城は有名な上山温泉のある丘陵地に位置していたのだが、米沢からの行軍も畑谷よりはずっとスムーズに進みそうであったし、地形的にもさほど攻め難くは見えなかった。むしろ畑谷の方が籠城には向いていないものの、一気に攻めるには苦労しそうだと感じたものだ。おそらく兼続もそう感じたのだろう。だから上山城には自らが向かうのではなく別働隊を派遣したにちがいない。そして別働隊もまた、難なく落とせると思ったからこそ、一気に攻め立てたのだろう。油断というのは恐ろしいものである。兼続は当然この別働隊と合流する予定であった。いやむしろ別働隊の方が先に到着すると考えていたと思う。それほどこちらのルートの方が道も険しくなく、距離も遠くなく、城も攻めやすく見えたのだ。その別働隊が遅参するどころか壊滅的な状態にさせられたのでは、兼続が焦り苦

労したのも当然だと言えよう。

長谷堂に詰めた兼続らは散々な目に遭っていた。夜討ちをかけられ、鉄砲隊による攻撃も届かず。正面突破は深田に足を取られ、逆に鉄砲隊による攻撃を受ける始末。野戦に持ち込むために挑発してみたもののそれも効果なし。やることなすことが裏目にでていた。なぜ兼続が名将としてもてはやされているのか、不思議に思ってしまうほど、この戦いでの兼続の指揮はひどかったのだ。しかし皮肉なことに彼の本領はこの後発揮されるのである。

●三成の処刑

その頃遠く離れた近江では三成が、かつての領国で捕縛されていた。三成は領主たる間、善政を敷いていて領民らからは慕われていた。三成が捕まった古橋村でも飢饉の折に年貢を免じたことがあった。そんな恩も感じ百姓らは彼を匿っていたそうだ。二十二日に同じ近江の京極高次《きょうごくたかつぐ》の居城大津城（西軍の攻撃で天守などは破壊されていたが）へ護送され、門前でさらし者とされる。その後家康と会見させられ、大坂を引き回しの上、二十九日京に護送された。翌十月一日に京の有名な処刑場六条河原《ろくじょうかわら》で処刑されている。兼続と同い年、享年四十一であった。

第五章

降伏、そして再建

降伏を選んだふたりの男。上杉景勝と直江兼続。しかし、ここからが兼続の本領発揮となる。領地は大減封となったが、ただでは起きない男、それが直江だ。外交戦術と知恵で生き残るのだ。

●兼続、死を覚悟する

九月二十七日に、家康から大坂城の秀頼へ戦勝の報告がなされている。淀殿は苦々しい顔でこの報告を受けたことだろう。

こうした上方での情勢が兼続のもとへ届いたのは二十九日のことだった。この日、あの畑谷城での勝利の後で兼続に撤退を進言し、採り入れられなかった上泉主水泰綱も敵に討たれていた。悲報に沈む兼続に、さらに西軍の大敗北（三成の消息などはまだ聞いていない）が伝えられた。そして「かくなる上はもはや退却あるのみ」と長谷堂からの撤退命令が会津の主君景勝から兼続に降されたのである。

「この大軍を如何に傷を浅くして引くことができるか」これが兼続に課せられた命懸けの大仕事だった。撤退というのは攻めるよりもはるかに難しいのだ。

兼続は自害を考えた。遠く離れた美濃の地では西軍がわずか一日で敗れ去った。盟友三成の行方もわからない。家康の勝利で間違いなく最上も伊達も勢いづく。それなのに自分はこの長谷堂城を落とせないばかりか、この地で多くの兵を失ってしまい、上泉主水泰綱のような重臣も失ってしまった。主君景勝にあわせる顔はない。もはや死をもって償うしか武士としての道はないと。

しかしある人物が兼続を思いとどまらせた。その男こそあの傾奇者、前田慶次であった。

慶次は兼続に言った。「一隊の将が軽々しく死など口にすべきではない。自害などいつでもできる。それよりも直江殿にはなさねばならぬ大事があるではないか。この殿からお預かりしている大軍を無事米沢まで帰すこと、それこそが直江殿が命を懸けてなさねばならぬことである。それなくして自害などなされても殿に顔向けなどできようはずがない」と。

慶次の言葉で兼続の目は覚めた。この難事業をなさねばならぬという使命感が、悲報に打ちのめされていた兼続の命を救ったのだった。そして慶次は兼続に「悩み落胆する暇などない」と。「拙者が殿《しんがり》を務めるゆえ共に生きて帰ろうぞ」と。

既に上杉軍の勝利はない。あるのは負けか引き分けのみ。いや引き分けもない。いかに傷を浅く負けるかのみである。しかし生き延びれば明日はある。主君景勝のためにも死ぬわけにはいかない。無事生きて帰らねば、帰さねばならぬのだ。

文字通り懸命の撤退が開始された。悲しむ暇はない。嘆く間もない。天を恨む時間もない。撤退は時間との戦いだった。長引けば最上義光の本隊はもちろん、伊達の援軍もやってくる。そうなってしまったら、もはや安全な撤退など不可能に近い。撤退は主君である景勝の命令で決定事項だったが、撤退開始の時期、方法、配置などは現場の最高司令官であった兼続が決めねばならなかった。そして考慮する時間はない。

もしこのとき兼続に並大抵の決断力しかなく、迷っていたならばきっと撤退は失敗に終わっていただろう。

兼続にとって幸いだったのは、最上義光よりも兼続の方が先に関ヶ原の結果の報を受けたことだった。上杉の軍令（飛脚）と最上の軍令（飛脚）は当然同じ人物ではない。だからどちらが速いかなど運次第だったのである。しかも兼続の方は直接ではなく景勝の元へ向かっている。そして敗戦の報を聞いて、景勝がその上で、次の行動を（つまり撤退の）判断をし、その旨を伝えさせているのだから、一つ余計な段階を経ているのだ。野球に喩えるならば外野からダイレクトにバックホームではなく、セカンドあたりの中継を経てのバックホームとなるわけだ。さらに景勝側は敗者の側であるから、現場から軍令を飛ばしてくれる大名はほとんどいない（追われていたり自害してしまっているから）。その上、自前の軍令も敗者方なので途中で捕まる危険性が高く、街道を堂々と走るわけにもいかない。その一方で最上への伝令は直接伝えることができる。勝者の側だから自前の伝令の他、様々な大名から伝令が派遣されていることだろう。もちろん道中も上杉方に比べればずっと安全である。だから実は兼続の方が先に関ヶ原の結果を知ることができたのはレアケースに近い幸運だといえよう。そしてこの兼続が知るタイミングと最上義光が知らされるタイミングの間に生じたタイムラグ。実はこれこそ兼続の撤退を成功させた隠れた功労者だったのである。

長谷堂城合戦図

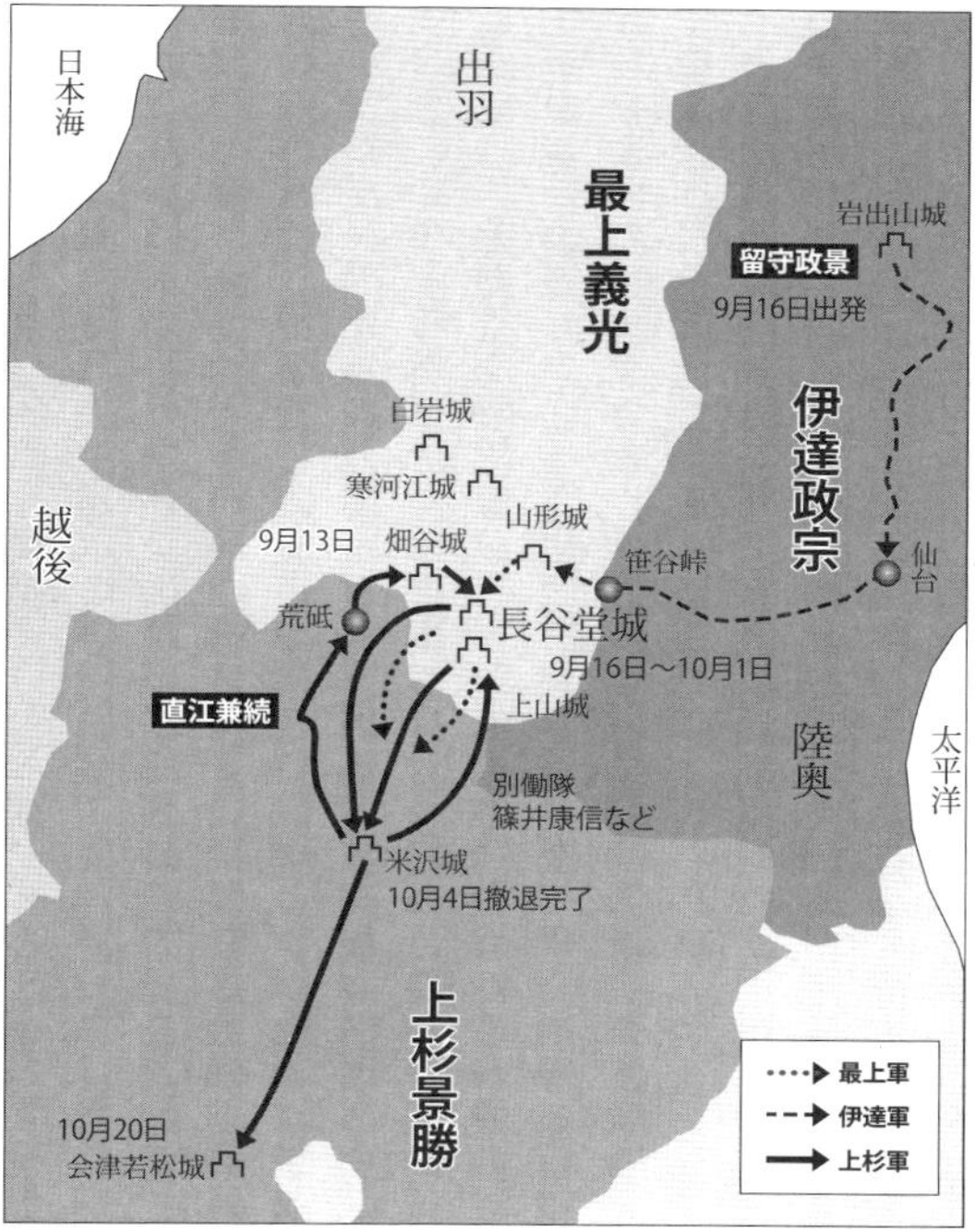

撤退時の最後尾を務めるのは傾奇者前田慶次と鉄砲隊で名高い水原親憲であった。十月一日夜明けと共に撤退が開始される。兼続は部隊を二手に分けた。一方が背後に襲い来る敵を迎え撃っている間に、もう一方は全力で撤退するよう指示した。そして時間が経過すると、今度はもう一方の部隊が敵を迎え撃つ役に回り、その間に先ほど敵の相手をしていた部隊は逃げることに集中するといった作戦を取った。これは実にうまい作戦で

ある。このあたり兼続の面目躍如といったところだ。

　最上義光は兼続から一日遅れて伊達政宗の使者から関ヶ原の西軍敗戦の知らせを受け取ったらしい。そして自らが出陣し追討部隊の指揮を執った。現在霞城《かじょう》公園にある最上義光の銅像はこのときの彼をモティーフにしたものだ。霞城とは山形城の別名。山形県の県庁所在地である山形市の中心に広々とした山形城址がある。そこは野球場などを含め市民のための公園となっている。現在復元が進められていて、最上義光の時代のものをできるだけ忠実に再現した大手門が再現されている。かつての堀の底を鉄道が走り、その上を陸橋で渡り、この大手門をくぐると最上義光に逢える。周りは若干殺風景なのだが。「この機を逃してなるものか」という彼の気迫と逸る気持ちがひしひしと伝わってくるような銅像だ。一度立ち寄られてみるとよいだろう。ほんのすぐそこには最上義光歴史館もある。

　このとき前田慶次は既に老年の域に達していたが、自慢の十文字槍を揮い、撤退に大いに貢献したという。また水原親憲の鉄砲隊の活躍も素晴らしかった。戸上山山麓に潜んだ水原隊の一斉射撃は最上隊に大打撃を与え、大将最上義光の自慢の兜に命中したのである。もっとも最上義光を討ったわけではないのだが。このときのその兜は最上義光歴史館に展示されている。筆者も確かに鉄砲による傷跡があるのをこの目で確認した。この長谷堂合戦は、大将自ら出馬し、被弾したほどであり、謙信・信玄の一騎打ちが伝えられる第四次川中島の戦や、家康があわや本陣で刺殺の憂き目に遭いそうだったという大坂夏の陣などに勝るとも劣らない合戦史に残る激しい戦であったといえよう。

兼続は十月四日無事に米沢城へ撤退を完了した。もっともかなりの死傷者が出たのだから、無事と言い切るのもどうかとは思う。しかし大将の首をとられることが敗北であるこの時代の戦において、兼続自身は生還しており、他の多くの将兵も帰還できたのだから、その意義は大きいだろう。死傷者の数に関しては、最上側の発表は味方の戦死者六百二十三人、敵の戦死者三千六百人あまり、敵の首千五百八十をあげる、とある。その一方で上杉方の記録では敵の戦死者二千百人あまりとしている。いずれにせよ壮絶な戦であったことには間違いない。なおこのときの兼続の撤退戦は後の語り草になっており、敵将である最上義光も、またあの家康でさえこのときの兼続の戦いぶりを賞賛したといわれている。この一連の戦を「長谷堂城合戦」とか「長谷堂城の戦い」とか「出羽合戦」とか「慶長出羽合戦」あるいは「最上の役」などと呼んでいる。呼称は様々だが、まさに東北の関ヶ原と呼ばれるにふさわしい戦であった。

●涙を呑んでの降伏

十月二十日、会津で上杉景勝は諸将を集め、会議を開いた。議題はもちろん上杉家の今後の立ち居振る舞いである。このまま家康と徹底抗戦するのか、はたまた恥辱を承知で謝罪するのか。家臣の意見は二つに分かれた。義を重んじる家風の上杉家である。最後の最後まで徹底抗戦を主張する家臣がいても不思議はない。特に兼続の実の弟である大国実頼《おおくにさねより》などは徹底した主戦論者だった。「今なら江戸はもぬけの殻、そこをつけば勝てるではないか」と。彼はこの件で兄の兼続と袂を分かち出奔している。兼続は降伏論者だった。もはや数ヶ月前までとは百八十度事情が異なってしまっていた。関ヶ原以前はあくまでも家康は巨大ではあっても一大名に過ぎなかった。彼に敵対する大名もまた多く存在しており、家康の行動も豊臣家の御為という大義名分を伴うものでなければならず、大きな制約が課せられていた。しかし、もはや家康に敵対する大名はほとんど存在しない。関ヶ原でまとめて一蹴されてしまったのだから。しかも当の豊臣家が家康の行為を戦功として賞する始末。これではもはやどうにもならない。武勇の聞こえ高い上杉家とて、この時期の家康を敵に回して勝つ見込みはほとんどなかっただろう。長谷堂からの撤退戦における消耗の後で、諸将には厭戦気分もあった。さらに兼続にも景勝にも、同じような状況下で徹底抗戦を謳い、滅んでいった北条家のことも頭に浮かんでいたことだろう。あのとき兼続も景勝も攻める側の人だった。大軍に包囲され、なす術もなく滅亡への道を歩んでいった北条の、あの姿をそのまま上杉家と家臣団にも繰り返させるわけにはいかない。兼続の気持ちは謝罪で固まっていた。景勝も同じであった。たとえ領土を大幅に削られても、とんでもない労役を課せられても、そして自らの命を投げ出しても、お家を守ればいつかまた再興の日があるかもしれない。上杉家の在坂家老であった千早景親《ちはやかげちか》からの報告も受け、上方の情勢を踏まえた上で、彼らは降伏を決意した。

●交渉、下準備

徳川家の中で本多正信が上杉との折衝にあたった。彼は武勇の誉れ高い家康の三河家臣団の中では異色の存在であった。権謀術数を得意とする策略家であり、家康のブレインだった。本多正信がなぜ上杉との折衝に当たったかはよくわからない。彼は関ヶ原の折に戦前交渉では最大の功労者であった。戦においては秀忠付参謀として家康本隊とは別に秀忠の中山道部隊に所属していた。そして途中抵抗する真田昌幸の上田城攻めに手間取ってなんと関ヶ原では遅参、つまり合戦に間に合わないという致命的なミスを犯していたのである。そんなこともあってなんとか名誉を挽回しようと試みていたのかもしれない。交渉事は彼の得意分野なのだから。義の上杉と謀の本多、両者の接点はそんなところにあったのだろう。十二月にまず本庄繁長《ほんじょうしげなが》が上洛した。留守居の千早共々、家康家中の本多正信や榊原康政らに家康への口添えを依頼する目的である。なおこの本庄繁長は関ヶ原敗戦時には現在の福島市にあった上杉家の支城である福島城を守っていた。福島城には十月六日に領土の拡大を図る伊達政宗の軍勢が攻め寄せていた。繁長は苦戦したが援軍もあってどうにか持ちこたえ、伊達軍を撤退させていたのである。また御館の乱以降の重臣でもある。上杉家の命運を握る使者としてふさわしい人選だった。

●上杉家、米沢へ大減封

翌慶長六年（１６０１年）七月一日、兼続は景勝につき従い上洛を果たした。これまでのどの上洛よりも緊張した上洛であった。しかし下交渉である程度の好感触をつかんでいたのもまた事実だった。敗戦側として道中の安全が危惧されたが、特に難もなく到着することができた。

七月二十六日、二人は大坂城へ登城し、まず秀頼に続いて家康に拝謁した。二人の立場はもはや五大老の一人およびその重臣としてのそれではない。騒動を起こした責任を咎められる罪人としてのそれである。

沙汰は以下の通りであった。

景勝・兼続両名は処分に及ばず。
上杉家所領のうち会津・佐渡等九十万石の召し上げ、上杉家の所領は米沢三十万石とする。

石高にして四分の一への大減封であった。米沢と言えば兼続が単独で拝領していた領地である。極端に喩えれば、大家族で大きな家で暮らしていたところ、これからは兄の部屋だけを使って家族全員が暮らせと言われたようなものだ。しかしそれでもこの沙汰はかなり軽かったと言えよう。何と言っても景勝はもとより兼続さえもお咎めなしであったのだから。こういうとき君主が咎められなくても、家老がその責任を負わされて処分されるのは必定だったのだ。言うまでもなく関ヶ原では三成らは首を刎《は》ねられている。西軍の名目上の総大将となった毛利輝元は隠居させられ、中国地方ほぼ全域百二十万石を治める大大名から周防《すおう》・長門（ほぼ山口県のみ）三十七万石へ大減封されているのである。吉川・小早川等親戚筋の内応による働きがあった彼らでさえこの扱いなのだ。中立を守った常陸《ひたち》（茨城県）の佐竹義宣（本人は兼続らとの友情から西軍につきたかったようだが、家臣らに止められていた）ですら約半分に減封されている。これらを考えると兼続と景勝の戦後の降伏交渉はかなり功を奏したと言えよう。この仕置きに家臣団はもちろん憤った。だが事情をよく知る兼続も景勝も逆に安堵していた。首を刎ねられ、お家断絶とされても文句は言えない立場だったことは重々承知していたのだ。家康がなぜ上杉家をこの程度で許したかは定かではない。参考になりそうなのは島津氏への仕置きだ。島津氏は関ヶ原で家康に逆らったにもかかわらず（実際は一戦も交えず、陣取っただけで西軍の敗戦濃厚になると敵陣を中央突破して逃亡したのだが）本領を安堵されている。ただ島津の場合、領地が南九州と遠国であった。これを討伐するとなると、またもやその機に乗じて天下を乱される恐れがある。そんな特殊事情が味方しての処置だっただろう。上杉家に関しても所領は東北であり、そういった事情もあっただろう。しかし上杉領の場合は背後に最上・伊達が控えているから彼らを動かすこともできる。もっとも逆にそれが気がかりだったのかもしれない。特に伊達政宗は表向き、東軍についてはいたが、関ヶ原に参陣したわけでもなく、どちらにもつけるような日和見的な態度をとっていたこともある。家康は伊達をかなり警戒していたのではないだろうか。上杉を伊達に対する備えとして使いたかったのかもしれない。もちろん上杉家の実力を高く評価・警戒していたこともあるだろう。いたずらに景勝・兼続を処刑すれば、上杉家中の主戦派が立ち上がらないとも限らない。いや間違いなく立ち上がる。そして彼らが伊達あたりと手を組むようなことがあれば、かなりうっとうしいことにはなる。こういう考えもあったのかもしれない。あるいは今後の江戸の街普請にあたって、土木事業に聞こえの高い兼続と上杉家中の力を利用できると考えた可能性もある。さらに家康自身は関ヶ原の勝利を導いてくれたとはいえ、内応や寝返りをした大名や奉行を毛嫌いしていたともいわれている。義に篤い上杉家なら恩を売っておけば徳川のために働いてくれるだろうとそんな風に思ったのかもしれない。いずれも筆者の勝手な推測の域を出ない。しかし景

移封前と移封後の上杉領地

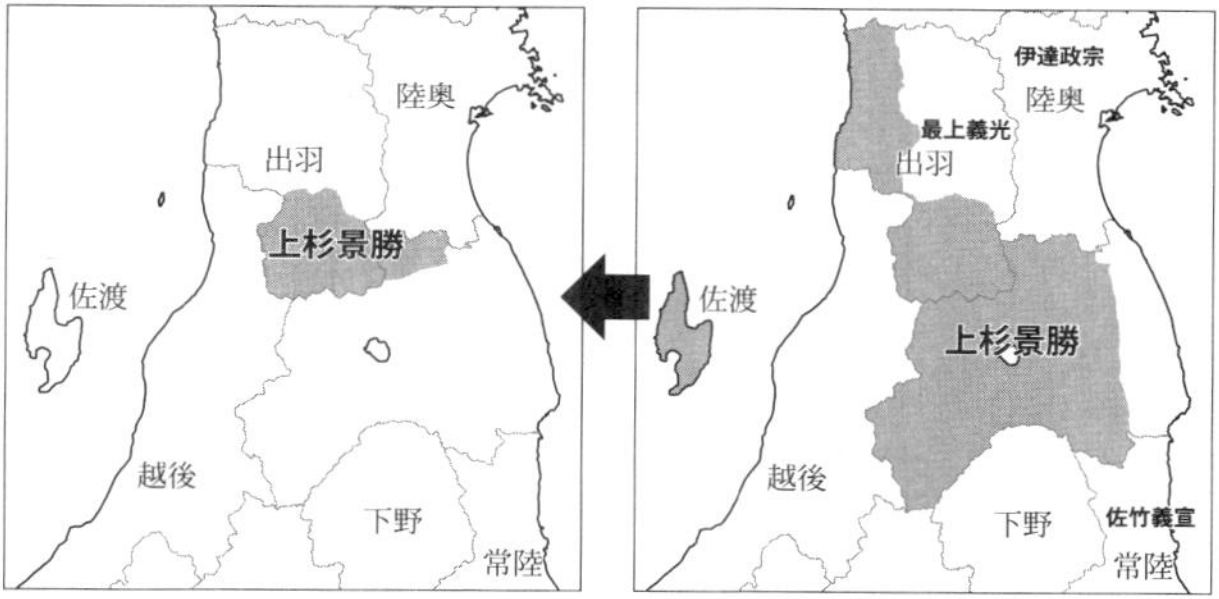

勝・兼続への処分が（重いといっても）他の西軍大名に比べれば比較的軽かったことには何らかの理由が必ずあったはずだ。そして家康の思惑通りだったのか、上杉家は実際この後徳川のために文字通り懸命に働いたのである。

●新天地、米沢

新天地米沢は既に上杉家が越後から会津へ転封の折、兼続が賜っていた兼続の所領であった。まったく見ず知らずのところへ移された先の越後から会津への転封に比べれば、その点はましだった。とはいえ、会津転封後の兼続はかなりの期間を京・伏見や大坂での政務に追われていた。また領国在国時でも米沢よりむしろ主君景勝のいる会津の若松城に詰めていて、例の神指城の築城に携わっていたため、米沢の都市整備に費やせた期間はほとんどなかった。未知の土地ではなかったが、熟知していたわけでもなかったのだ。また今回の引っ越しでは以前の三成のようにあれこれと指図し手伝ってくれる者もいなかった。ただそのときの経験があったことは大きかった。所領替えなどという大事は初めてと二回目ではまったく勝手が違った。移動距離についてはさして問題はない。移動に際して敵国領を通過せねばならぬこともない。この点は恵まれていたのである。

●移転の開始

最大の問題はやはり収容力（いわゆるキャパシティ）の点であった。何せ一気に四分の一に縮小されたのである。しかも米沢は兼続の所領となる前も城下町であったとはいえ、米沢城は本城ではなかったので、今で言う都市計画も市街地の開発もなされていなかった。ここでの主な問題は二つ。どうやって押し込むか、そしてどのように区分けするかである。

移転は八月末から開始された。この段階でまた景勝も兼続も上方を動くことができなかったので、兼続は書状にて安田能元《やすだよしもと》や岩井信能《いわいのぶよし》らに指示を与えた。安田や岩井はもう一人大石綱元《おおいしつなもと》（この年に没している）を加え、会津三奉行に数えられたほど転封後の上杉家中では政務に通じた者として重宝されていた者らである。

●リストラなしで乗り切る

家臣一同に衝撃を与えたのは知行を一律に三分の一とする旨の指示書きだった。今の感覚で単純に考えられるものではないのだが、年収六百万円だったサラリーマンが年収二百万円になってしまうとしたら、これはかなり愕然とするにちがいない。しかしそれでも実はかなり恵まれているのである。なぜなら上杉家全体の所領は百二十万石から三十万石へ四分の一に大減封されているのだから、本来は各自の知行も四分の一にされても文句は言えないところだ。今の会社なら今年の業績が悪くても来年は逆転できるチャンスもなくはない。しかしこの当時の石高というのは新田開発をしたところで極端に変わるものでもない。銀や金による副収入をもたらしてくれた佐渡も手元にないし、越後における直江津のような港もない。この石高は企業努力でどうにかなる数字ではなかったのである。

ならば真っ先に身の丈にあうよう人件費を切り詰めるのが通常の手法だ。そう、リストラクチャリング、つまりリストラである。本来はリストラクチャリングというのは再構築を意味するが、日本ではもっぱらこの言葉は人員削減措置を意味するのに用いられている。ここではもちろん後者、つまり日本風のリストラの意味で話を進める。

●数百年早いワークシェアリング

景勝の意を酌んだ兼続が、所領の石高が四分の一になるのに家臣に暇を与えなかった（解雇しなかった）ということはリストラを避けたということになる。しかしそのままでは上杉家自体（会社自体）が壊滅（倒産）してしまう。そこで講じた手法が家禄（給与）を一律三分の一にするという方法だった。これはまさにワークシェアリングの考え方である。少ない仕事を大勢で分かち合うという仕組みだ。上杉家という企業は会社の大不振、しかも半永久的に予想される市場の縮小に、人員削減に頼らず、ワークシェアリングで対峙したのである。これこそ今の時代に兼続や米沢時代の上杉家が注目を集める隠れた理由なのかもしれない。

●行き場のない家臣を救う

これはまた温情の政策でもあった。なぜならほとんどの家臣達は、ここで召し放たれたとしても、もはや行き場はなかったのだから。

関ヶ原以前なら（正確に言えば秀吉の統一以前なら）戦による需要がまだいくらでもあった。戦に勝てば領土を拡張でき、家もまた大きくなった。しかしもはやそれは期待できない。どうしてもやろうと思えば、天下を統一している時の権力者（ここでは家康）の支配下にある自分たち以外のほとんどの大名を敵にしての一戦を交えねばならなくなってしまう。大名間の私闘というものが認められなくなったというのはそういうことなのである。もっともまだこの時点では豊臣家も残ってはいたし、ある程度の仕官先もあるにはあった。それでも以前のような待遇での召し抱えはもはや望めない。このあたりも階層の固定に伴う閉塞観のある今の時代になんだか似ていると感じても間違いではないだろう。実際この後の大きな戦は大坂の陣とせいぜい島原・天草一揆の制圧程度、よほど世間に名が通った者、官僚型の才覚を持った者以外の仕官（再就職）はもう難しい時代になってしまっていたのだ。

それを裏付けるかのように知行を三分の一にするご沙汰にもかかわらず、ほとんどの家臣は米沢に付き従った。さすがに臨時で合戦準備のために雇い入れられていた浪人たちは召し放たれたが、それ以外の者らはそのまま仕官を続けることができた。兼続も景勝もそれだけ家臣団を大切に考えていた。もっともこのことは当然上杉家の財政を圧迫することになる。関ヶ原の勝ち組を始めとして他の大名らの景気のよい築城や街普請が行われるようになる中、上杉家の米沢での普請は粛々と堅実になされていくのである。

なおこのとき数少ない他家からの引き合い（ヘッドハンティング）が多かった武将にあの前田慶次がいる。しかし彼は「自分が家臣として仕えると決めたのは上杉景勝公のみ」とそれらの申し出を拒絶し、わずか五百石の知行で米沢に同行している。

●兼続、自ら率先して減給を受け入れる

もちろん兼続自らの知行も削られた。寄騎含め三十万石だった彼の知行は六万石とされた。しかし兼続はこの六万石のうち五万石を同僚らに分配し、さらに五千石を配下の家人たちに分け与えたので、自分の取り分は五千石となった。これも上に立つ者が率先して苦難を背負うという見本のような話で、また兼続の上杉家を思う気持ちが伝わるエピソードとして有名な話である。

●兼続、都市計画に挑む

新しい町では町割り（今風に言えば区画整理）も重要な問題であった。特に大勢いる家臣の誰にどこの地を与えるのかは重要で、これを間違えると家臣団が機能しづらくなったり、あるいは仲間割れも起きてしまう。この点に関しても兼続は的確に指図した。上杉家臣団のうち、歴々の重臣や名家の人らには概ね望みどおりの地を配分した。彼らはプライドが高い。へそを曲げさせると厄介なことになる。家中に騒動が起これば、それに乗じて様々な輩が出てくる。最悪の場合はお家取り潰しである。お家騒動は避けねばならぬ。そしてよく政務に携わる官僚は、すぐに登城できるよう比較

的城の近くに屋敷を構えさせた。また家臣の中でも武を誇る者や鉄砲の扱いに長けている者らは街道筋の入口付近に配置した。他国からの侵入を妨げる防衛線として機能させるためである。なんてことはない、家康が行う大名配置の縮小版を既に兼続はここで実践していたのだった。兼続の優れた才覚はこんな仕事にも垣間見ることができるのである。

●小さな村に県庁が移転？

それでも到底家臣すべてに家を供給することはできなかった。この時期の米沢は人口に対する武士の割合が異常に高かった。小さな村にいきなり都道府県庁が移転してきたようなものなのだから、そうなるのも無理はない。そこで多くの下級武士らは長屋あるいは掘っ立て小屋に数家族同居させられることとなった。

兼続は彼らに開墾を奨励している。後の屯田兵制度に見られるような半農半士的な生活をさせることで、開墾による収穫の向上と武士としての怠りない修行を両立させたのである。新規の開拓地に関しては、開拓地の所有を認め、年貢も半減するなどの優遇措置をとった。このために開墾への意欲（モティベーション）は向上し米沢近辺の開墾が進んだ。兼続の死後、米沢では開墾もしくは開墾地のことを「達三開き」と呼んだそうだ。これは兼続の死後の法名「達三《たつさん》全智居士」に由来している。

後に江戸幕府の八代将軍吉宗が行う米以外の作物を育てることの奨励も行っていた。食用の作物の栽培を勧めるほか、越後から持ち込んできたカラムシという商品作物の栽培まで勧めていたという。このカラムシは衣類や紙などの原料となるイラクサ科の植物で現在でも越後の特産品である綿織物「ちぢみ」に利用されているほどである。最近バラエティ番組で「山形県人は生垣を食べる」ということが話題になった。この生垣の正体はウコギという植物なのだが、実はこれも兼続が奨励したのだ。いざというときは食用にもなるウコギの植栽も兼続の知恵なのだ。

●兼続、米沢入り

京・伏見に滞在していた兼続は十月四日連句の会を催した。上方の地で親しんだ人たちへの別れの挨拶だった。そして十月十五日、兼続は主君景勝と共に伏見を発つ。十一月二十八日に兼続らは米沢入りした。年末には和漢連句の会も開催し、上杉家にとって激動の慶長六年は過ぎ去った。

●亀岡文殊堂《かめおかもんじゅどう》での詩歌の会

慶長七年（１６０２年）兼続は四十三歳になった。二月二十七日には亀岡文殊堂で詩歌の会が催されている。この亀岡文殊堂というのは、あの「三人寄れば文殊の智慧」という言葉で有名な智慧深い文殊菩薩《ぼさつ》を祀っている。奈良時代の代表的政治家である藤原仲麻呂の息子といわれている高僧徳一《とくいつ》の開山によるといわれていて、日本三大文殊の一つに数えられている。筆者も訪問させていただいたが、本堂はもちろんだが、鐘楼堂の見事さに足が止まってしまった。文殊堂は神社で言えば天満宮に当たる。（菩薩と菅原道真公を同列にしてはいけないのだが）そのせいか本堂には受験生らの祈願が多く寄せられていた。面白いのはクラス単位での奉納が多いことで、地元高畠《たかはた》や米沢でこの文殊堂がとても大切にされていることがよくわかった。亀岡文殊堂にはこのときに詠まれた兼続や前田慶次らの漢詩や和歌が納められている。米沢近辺の受験生の熱い想いに負けないような新しい町を造るにあたっての上杉家臣団の並々ならぬ決意がそれらの漢詩や和歌には秘められていたのだ。

●直江石堤《なおえせきてい》

兼続の土木事業への精通についてはもはや何度か語ってきたが、その才能は米沢という新しい町においても発揮された。米沢城下への用水の開削、さらに後に直江石堤と呼ばれるようになる堤防の築堤がそれである。松川（現在の最上川）という川が頻繁に氾濫を起こしていたため、兼続はそれを防ぐべく頭をひねった。自らが現地へ足を運び、前年冬には赤崩山《あかくずれやま》から松川の流れを視察したという。そして谷内河原《やちがわら》に石で堤防を築くことに決め、工事に取り掛かった。この堤防は何度か決壊したがその度に修繕が加えられ、現在でもその一部が残っている。これが直江石堤と呼ばれる堤防である。米沢郊外の盆地から山間部への入口にあたるところ、最上川に沿ってこの石堤は今でも存在している。元は十キロほどあったそうだが、現存しているのは一キロと少し。それでもよくこれだけ残っていたものだと感心させられた。さほど大きくはない石が野面積み（石を切りそろえないで積む方式）で積み上げられている。年月と共に黒さを増し、苔が生した岩には風格を感じさせられる。技術的にはこの時期の城の石垣のように新しい技術が採用されているわけではない。だが幅・高さ・長さともにかなり根気の要る仕事を成し遂げたことがよくわかる。藩祖景勝公と共に直江兼続が米沢の人々から愛されていることをここでもひしひしと感じた。

●実父、逝去

九月十二日には実父樋口兼豊が亡くなっている。元は使い番の一人であったと思われる彼が城主となり、重臣となったのは、もちろん兼続が上杉家中のナンバー2となったことからの引き合いによるものが大きい。今風に言えば「子の」七光りといったところだろうか。とはいえ、そもそもの彼の出世のきっかけは御館の乱における手柄にあった。このとき兼続も活躍したと見られてはいるが詳細な記録はない。この時点での兼続の年齢を考えても極端な手柄を立てたとは考えにくい。とすると樋口兼豊が御館の乱で果たした役割は兼続にかかわらず大きなものだったはずだ。樋口兼豊は単独で評価されるに足る武将だったのである。もちろん兼続の実父であることは兼続と信頼関係が結ばれているということだから、それが後の出世に有利に働いたことは間違いない。生年が不詳のため享年は定かではない。樋口家の家督は兼続の末弟である秀兼が継いだ。親子でありながら身分の上下は逆になってしまったが、自らが中年になるまで実父が生きていてくれたことは兼続にとって心強いことだった。その恩に兼続が自身の出世という形で答えたのだった。

●徳川家との外交

十月、兼続は景勝の名代として江戸に登城した。目的地が京や大坂ではなく江戸であるところに時代が変わったことが感じられる。この時点ではまだ江戸幕府は成立していない。家康は朝廷への任官運動（恐喝？）の真っ最中である。しかし豊臣家は摂《せっ》津《つ》・河内《かわち》・和泉《いずみ》六十五万石の一大名と化しており、一方で家康は自ら四百万石に加増していた。名目上はともかく実質上の天下人はこの時点でもはや紛れもなく家康だったのである。

家康に従うことに決めた以上、兼続がなすべきことは徳川家とのパイプを太くすることであった。その点においても兼続は着々と手はずを整えていた。

家康が武家の棟梁である征夷大将軍に任命され、江戸において幕府を開くのは慶長八年（1603年）の二月の出来事であった。名実共に戦国の世が終わり、身分秩序が固定される江戸時代のはじまりであった。なおこの家康の征夷大将軍就任に当たっても、兼続はぬかりなく主君景勝の名で本多正信を通して祝賀を送っている。また正信からもそれに対し返礼を賜っている。本多家を通しての徳川家とのパイプを太くするという外交政策もまた実りつつあった。

この年徳川家と豊臣家の縁組が行われている。後の二代将軍徳川秀忠の娘千姫《せんひめ》が豊臣秀頼の元に嫁いだのである。この時期はまだ家康も豊臣家にある程度までは気を遣っていたことがわかる。二人の婚儀に参加するため、景勝が上洛している。

●訃報、相次ぐ

伏見屋敷で年を越した景勝を悲しい出来事が見舞ったのは慶長九年（1604年）の二月だった。前年の末から体調を崩し療養に努めていた正室菊姫が亡くなった。享年四十一であった。武田信玄の娘である。あの御舘の乱の折、景勝と武田の同盟を堅くするために景勝の元へ嫁いできた姫だった。菊姫十七の折である。その後四半世紀を上杉景勝の正室として過ごした。才色兼備と謳われていた菊姫は家中からも愛され大切に敬われていたという。景勝との夫婦仲については不仲説もないわけではないが、臨終を前にして、菊姫の弟を京に呼び出すなどの景勝の配慮を見る限り、やはり景勝は菊姫を愛していたのだ。質素倹約に努める良妻であった。亡骸はあの兼続の学問の師である南化玄興ゆかりの京の妙心寺に納められ、後に米沢の林泉寺《りんせんじ》にも墓碑が建てられている。

その南化玄興もこの年この世を去っている。かつて兼続が上洛時に何度となく訪れ、貴重な書を書写させてもらったあの和尚であった。兼続の学問における師もまた鬼籍に入ったのである。

訃報が続く。この年五月五日に景勝の側室である桂岩院《けいがんいん》が景勝の長子にあたる男児、玉丸を産んだ（のちの二代目藩主、上杉定勝）。米沢城での出来事である。しかし産後の肥立ちが悪く、その当時伏見に滞在していた景勝に再び顔をあわせ、男児出産へのねぎらいの言葉を聞くこともなく、八月十七日に帰らぬ人となった。桂岩院については菊姫と異なり、家中ではあまり評判が芳しくなかった。しかし、おそらくそれは菊姫への情の裏返しであったことだろう。世継ぎを残すことが大名にとっての何よりの仕事である以上、菊姫に男児が生まれなかった以上、側室をとるのは当然のことであるし、景勝の年齢を考えても家中でもそれについては納得していたはずだ。当の景勝もまたこの死を惜しんだ。兼続は景勝の命でこの桂岩院の葬儀を取り仕切った。林泉寺にて葬儀が営まれた。ようやく後継ぎを得たものの、正室に続き側室を亡くしてしまった。景勝の心中は複雑であった。

●兼続、養子をとる

景勝に実子である後継ぎが誕生した一方で兼続はこの年養子をもらっている。長女於松《おまつ》の婿としてあの本多正信の次男坊である政重《まさしげ》を迎えたのである。言うまでもなくこれは徳川家との関係を密にするための政略縁組であった。兼続には既に男子景明がいたが、彼が生来病弱だったのと本多家への配慮からか、実子景明を差し置いて、この本多政重を直江家の家督を継ぐべく後継ぎにしている。その際に直江大和守《やまとのかみ》勝吉《かつよし》を名乗らせている。「勝」の一文字は言うまでもなく景勝から賜ったもので、政重は婿養子として非常に大切に扱われていることがわかる。

この政重、本多正信の息子ということでおそらく陰謀大好き、じめじめタイプの策士を予想される読者が多いと思う。ところが実はむしろ前田慶次に近い人物だった。元々は家康の家臣だったが、そこから逐電（逃げ出すこと）し、なんと大谷刑部の元へ行っている。そして彼の引き合いで宇喜多秀家の家臣となっている。ということは、そう、当然関ヶ原でも西軍。しかもよりによって活躍してしまったらしい。本多正信の苦い顔が目に浮かぶようだ。乱後は彼の子息ということで処罰は免れ、それから福島正則、前田利長への仕官を経て上杉景勝の元へやってきた。もっとも彼に関しては父正信がスパイとして探る必要のある大名家へ次々に送り込んでいたという説もある。さもありなんとは思うのだが、それにしては関ヶ原では活躍しすぎている。なんとも不思議な魅力の男である。

●鉄砲工場

この年秋口から兼続はさらに面白いことを始めている。鉄砲職人の囲い込みと鉄砲の製造である。元々兼続は鉄砲の威力については強く認識していた。あの長谷堂からの撤退戦でも水原親憲の鉄砲隊の活躍がなければ、無事に逃れることができたかわからない。兼続は鉄砲の威力で自らの命を救われているのだから、その価値を改めて大いに評価していた。この時点では相手を攻める戦よりもむしろ国防のことを考えていた。なにせ、お隣は最上に伊達である。九月に兼続は近江国

直江の鉄砲工場跡地に建てられた碑（著者撮影）

（滋賀県）国友村から吉川惣兵衛、和泉国（大阪府）堺から和泉屋松右衛門という二人の鉄砲職人を呼び寄せた。彼らとの接触折衝はおそらく上洛時になされていたのだろう。この頃、国友村も堺もどちらも勝らず劣らずの国内の鉄砲の二大生産地として有名だった。そしてこの二人をそれぞれ二百石で召し抱えると、白布《しらぶ》の地に工場を用意し鉄砲製造に従事させた。白布というのは米沢から二十キロほど隔てた吾妻山のふもとにある温泉地である。当時は白布高湯《たかゆ》と呼ばれていたらしい。この人里離れた地で約十年間にわたりおよそ一千挺の鉄砲が製造された。筆者もここを訪れたが、現在では温泉地として親しまれ、石碑しか残っていないが、舗装された二車線道路も通じている。それでも到着するまでに直江石堤から車で四十分ほどかかった。米沢城からだと小一時間はかかるだろう。秘密の保持と逃亡の防止のためにこのような場所が選ばれたに違いない。また同時に大筒（大砲）の製造も行われている。この大筒と鉄砲は後に大坂冬の陣で使われている。この頃兼続は家中にやたらと定書を発しているのだが、十一月には「鉄砲稽古定《てっぽうけいこさだめ》」を発して、鉄砲の製造のみならず、扱う側の器量も向上させるべく努めている。造っただけでは意味がない。兼続のやることにはぬかりはなかった。

●米沢城、修築

兼続は景勝の居城となる米沢城に関しても普請を開始した。米沢城は伊達政宗生誕の地でもある。現在の上杉神社の敷地が本丸にあたるのだが、訪ねてみると、なるほど入口近くに、目立たないが「伊達政宗生誕の地」の木碑があった。また秀吉政権時には蒲生氏郷配下の郷安《さとやす》の居城でもあった。しかし壮大な城ではなく簡素な城であった。石垣がないのも大きな特徴である。実際同じ時期の他の城と比較したとき、規模も造りも質素であることに驚かされる。兼続は三十万石の主君の居城にふさわしい姿に、けれど家中節制の流れに逆らわぬ形で修復を成し遂げた。見栄えはよいが費用がかかり、また謀反などあらぬ疑いをかけられる元となる天守はあえて造らなかった。石垣も同様である。土塁を築き、天守の代用として本丸に二基の三階櫓を建てた。これらの普請はこの年から徐々になされていった。

●長女、次女を相次いで失う

明けて慶長十年（１６０５年）四十六歳になる兼続にとってこの年は悲しい出来事が続いた。正月早々、本多政重（直江勝吉）と婚姻したばかりの長女於松が早世してしまった。病死であろうと思われる。二十一歳の若さであった。この年次女も亡くなっているらしい。「らしい」というのは次女が名前も定かでないために存在自体がはっきり確認されていないからである。これが史実ならその衝撃は如何ばかりだったろう。もちろん於松一人の早世でもその悲しさは計り知れない。

第六章

大坂冬の陣と兼続の最期

最後の戦の幕が切って下ろされた。大坂冬の陣と夏の陣である。これをもって、完全なる徳川の時代となる。その最後の戦に出発する景勝と兼続。彼らの激動の時代も終わりに近づいていた。

●徳川家、天下に世襲を宣言する

この年四月十六日、徳川家康は三男秀忠に将軍職を譲位した。豊臣家の楽観派の中には家康は秀頼の成長を待っているのであって、秀頼が成長の暁には将軍職を譲るのだろうなどというおめでたい考えもあったというが、もはやその薄い期待も断ち切られた。家康は、将軍職は徳川家の世襲にすると満天下に宣言したのであった。ただしこれ以降も秀忠が政治を担当するにあたり家康は助言を続けている。政治の実権は家康の下にあった。

●鱗《うろこ》屋《や》敷《しき》を賜る

慶長十一年（1606年）兼続四十七歳。

この年上杉家は桜田門の普請を担当させられている。兼続はもちろん指揮を執った。この功により上杉家は将軍徳川秀忠から鱗屋敷を賜った。上杉家の江戸屋敷はその桜田門付近にあったが、鱗屋敷はその真向かいであった。兼続はこの屋敷を景勝から賜った。この鱗屋敷には兼続の妻、お船の方とまだ少年である長男景明が居住した。この年五月に母を失った上杉家の後継ぎ息子である玉丸も江戸の上杉桜田屋敷に移されている。お船の方はこの玉丸の養育係のようなことも務めていた。大変な仕事ではぁ

直江版『文選』（市立米沢図書館所蔵）

ったが、立て続けに娘を失った彼女にとっては、母を失った子を育てることは悪いことではなかっただろう。

●直江版『文選《もんぜん》』の出版

慶長十二年（1607年）四十八歳の兼続のこの年の諸行で特筆すべきものはなんと言っても直江版『文選』の出版であろう。京の要法寺から刊行された六十巻三十一冊の大作である。ご存知のように米沢藩にはこのような事業にまわす経済的な余裕はなかったため、兼続は私費を投じてこの事業をなしたのだった。異論もあるが、日本で最初の銅版活字本といわれている。文選というのは簡単に言えば昔の中国の名文集である。この直江版『文選』の文化的な貢献度は高く、家康はじめ徳川三代のブレーンでもあった儒学者の林《はやし》羅山《らざん》もご執心であったという。兼続の学問への造詣の深さには今更驚きはしない。しかし儒教は（特に朱子学は）この後幕府の官学になり、文治主義に方向転換した幕府を支える支柱ともなる。それを思うと「武」では徳川に伏した上杉が、「文」においては徳川を制したような気もして、それはそれで愉快ではないか。なおこの年は他の東北大名らと共に江戸城の普請も行っている。

●兼続、改名

慶長十三年（１６０８年）兼続は重光《しげみつ》に改名している。したがって本来はここからは重光と表記すべきなのだが、混乱を避けるために今後も兼続で表記させていただく。この改名の理由がよくわからない。普通大名やその家臣の改名では、その主君から一字を賜るケースが多い。

順番に可能性を消していくと、まず上杉家ではない。次に相続した直江家も「綱」などだからこれもちがう。家康でもなければ本多正信ともちがう。自署が見つかっているのだから改名は間違いないのだが、「重光」の「重」も「光」も関連性が浮かばない。実は彼の近くに一人だけ思い当たる人物がいる。彼の養子となった直江勝吉こと本多政重である。ちょっと考えにくいことではあるのだが、彼に気を遣ったのだろうかなどとも考えてしまう。この点についてはこれという説も存在していないようで筆者自身の課題とすると共に今後の研究の成果を待ちたい。

またこの年には米沢城三之丸の大拡張も行われている。主だった家臣の住まいを設けさせている。これにより出仕がよりスムーズになり政務がはかどることとなった。外堀が掘られたのもこの年だ。

●上杉家、特例を賜る

兼続五十歳の節目の年、慶長十四年（１６０９年）六月、米沢に幕府から吉報が届いた。「十万石分のお役儀御免」の知らせである。ちょっと意味がわかりにくいかもしれないので解説しておこう。秀吉政権下における伏見城の普請、朝鮮への出兵などと同じように、家康の幕府もまた、諸大名に様々な兵役や労役を課した。それは主に徳川家一族の築城の手伝いとか、街道や港湾の整備などである。これらの仕事については各大名ごとに石高に応じて仕事が割り当てられた。当然石高が高い大名はそれに比例して多くの人員を派遣しなければならなかった。上杉家は米沢三十万石である。したがって本来三十万石分の負担を払わねばならない。ところが「そのうちの十万石分の負担を免除してやる」と言われたのだ。つまりこれからは二十万石分の負担でよいということになる。これは非常にラッキーだった。上杉家を企業に喩えるなら突然法人関係の税金が三分の二に減税されたようなものである。この知らせがあったときに米沢の上杉家中はまるで加増されたかのように大騒ぎになったというが、それも無理もない。実際加増されたのと同じなのだから。もちろん上杉家がこのような特例措置を受けられたのには陰の功労者がいる。言うまでもなく本多正信である。既にご存知のように上杉家では彼の次男である本多政重を非常に大切に扱った。兼続は実子がいるにもかかわらず、相続権を与え養子とし直江勝吉の名まで与えている。もちろん他にも家康や秀忠らへの普段からの挨拶等にもぬかりはなかった。そういった外交活動が実ったのである。関ヶ原では徳川家にとっての敵であった上杉家は、ここに至って徳川からの信用をすっかり勝ち取ったのであった。

●息子の婚姻

六月、その直江大和守勝吉（本多政重）が官職改め直江安房守《あわのかみ》勝吉となった。そして九月には兼続長女於松の逝去以降独身の身であったこの直江安房守勝吉に兼続は新たな嫁をあてがった。既に長女次女は早世していたので、実の弟である大国実頼の娘である阿虎《おとら》を自分の養女とした上で彼に嫁がせた。兼続は養子である勝吉にどこまでも気配りを怠らなかった。

十二月にはさらにうれしいことがあった。生来病弱だった唯一の実の息子である直江景明の結婚である。仲を取り持ったのはもちろん本多正信だった。気になるお相手は近江（滋賀県）膳所《ぜぜ》城主である戸田氏鉄《うじかね》の娘だ。戸田氏鉄は家康の近習出身で徳川家から信頼の篤い譜代だった。後に彼は美濃（岐阜県）大垣に移封となり大垣藩の藩主となる。そしてこの大垣藩戸田家はその後明治維新まで生き残ることになる（維新以降も新政府から知事に任命されるなど好意的な扱いを受けている）。

関ヶ原で家康に敵対した外様大名である上杉家にとって、譜代大名との縁組は願ってもないことだった。石高は高くはないが戸田氏は生粋の譜代。天下にその名を轟かせていた兼続とはいえ、身分は大名ではなくその重臣。この縁組が兼続にとってどれだけ喜ばしいものだったかは想像に難くないだろう。

●秀忠、上杉邸にご訪問

慶長十五年（１６１０年）五月に本多正信から、将軍秀忠が年末頃上杉邸をご訪問なさるという内意を受けた。もはや開幕後七年を経過している。この頃には幕府はすっかり権威を認められるものとなっていた。その将軍が直々に上杉家の屋敷に遊びに来るというのである。数多い大名家の中でも上杉家にいらっしゃるのだからこれは非常に名誉なことだった。「関ヶ原に遅刻した小僧（秀忠）が偉そうに…」などと思ってはいけない。もはや時代は変わっているのだ。下世話な話だが、将軍は手ぶらでは来ない。将軍が臣下である大名の元を訪ねる以上それ相応の手土産は持参する。しかし、もし接待に粗相や不愉快な点があったら、将軍である秀忠は悪い印象を持ち、それは今後の上杉家によくない影響を与えてしまう。

兼続は景勝の命を受け、秀忠が訪問するにふさわしい御殿の造営を開始した。六月から工事に取り掛かり、十二月にようやく落成したという。もちろん落成後の検分（チェック）も本多正信に依頼し、その点においてもぬかりはなかった。かつて秀吉が伏見の上杉邸に御成りになったときの経験も大いに役に立ったことだろう。

余談だが、高貴な人を接待する場合にはマナー等それにふさわしいものが必要とされる。しかし高貴な人たちというのは閉鎖的な社会をつくっているから、それらは外からはなかなか知ることができない。ここで自分流に接待をやってしまうと「あいつは田舎者だから」などと笑われてしまうことになる。実は後の世で忠臣蔵《ちゅうしんぐら》で有名な浅野内匠頭長矩《たくみのかみながのり》がやってしまったミスもこれなのだ。もちろん彼にも大いに同情すべき点はあるのだが、朝廷からの使者の接待役を仰せつかった段階で、彼は徹底してそれを知る人物に教えを請うべきだった。それを知る人物とはすっかり敵役になってしまっている吉良上野介義央《きらこうづけのすけよしなか（よしひさ）》である。吉良は当時「高家《こうけ》」といってそういったマナー等を指導する仕事で収入を得ていたのだから、貢物でも何でもして学べばよかったのだ。もっとも日本人は未だに形のないもの（情報や知識など）は無料で手に入ると思っている人が多いから、浅野長矩がそのようにしなかったのも無理はないのだが。

吉良につけとどけを怠ったために長矩は正式な作法等を教授してもらうことができず、恥をかく。そしてその怒りを江戸城松の廊下ですれちがった吉良にぶつけ、彼をその場で殺傷しようとする暴挙に出る。城内で刀を抜くことは将軍に刃向かうこととされご法度であり堅く禁じられていた。このことが原因で浅野はお家取り潰し、本人は切腹の憂き目に遭うのである。その後の浅野の敵討ちである赤穂浪士の討ち入りはあまりにも有名だからここでは割愛する。あえてここでこのエピソードを紹介したのは、戦国の世と太平の世では必要とされる技量が異なるということを言いたかったからだ。

戦国の世では武力がものを言う。しかし太平の世では世渡りだとか社交に長けている者が重宝される。兼続の偉かったのは時代に応じてその変化に対応できた点にあるのだ。武勇の誉れ高い上杉家なれど、一旦徳川に降伏すると決めたら、卑屈だろうがなんだろうが、とことんやりぬく。この姿勢こそが短期間に徳川家の信頼を上杉家が勝ち取った理由なのである。上杉家が信用できなければ将軍が直々に訪問するなどということはありえないのだ。そしてそれを饗応《きょうおう》する、つまりもてなす以上はその準備はいささかでも怠ってはいけないのである。本多正信に確認を受けたことによって、彼にも責任の一端を負わせることもできる（実際にはしないだろうが）。いやそんなことをしなくても正信も決まりが悪いので必ず秀忠にとりなしてくれるはずだ。兼続はそのような一流の計算を実践したのだった。

なお先ほどのエピソードで紹介した吉良上野介義央だが、実は、彼は時の上杉家の当主上杉綱勝《つなかつ》の妹を嫁にもらっている。綱勝というのは景勝の息子である定勝の息子にあたる。つまり景勝の孫である。実はこの綱勝に男児ができなかったため、上杉家はお家断絶の危機にあっている。そのとき幕府の実力者保科正之らの配慮で、養子をもらうことでこの危機を乗り切った。実はその養子こそが吉良上野介義央の息子であった（第四代米沢藩主　上杉綱憲《つなのり》）。母方で上杉の血をひいていたために彼が養子となったのである。そんなわけで実は忠臣蔵のエピソードは上杉家とは無関係ではない。

さて肝心の秀忠の訪問であるが、十二月二十五日に実現した。このとき彼と面会できたのは、藩主上杉景勝、その息子であり後継者である玉丸（のちの定勝）、上杉家の重臣直江兼続（重光）、その養子直江勝吉（本多政重）、そして兼続の実子直江景明ら数名だった。彼らは秀忠から銀子などを賜り、ここに天下に堂々と上杉家は徳川配下の信頼できる家臣として認められたのだった。関ヶ原後に方針転換をした外交交渉の賜物であった。なおこの席で玉丸は秀忠から「千徳」という名を賜った。この訪問の後に兼続は景勝の名で本多正信へかなりのお礼を送った。万事ぬかりはなかった。

●家康、秀頼と対面

慶長十六年（１６１１年）三月、家康は京の二条城において豊臣秀頼との会見を果たしている。慶長十年（１６０５年）に右大臣に任ぜられていた秀頼（このときは既に解任されている）は同じ年に秀忠の娘である千姫と婚儀を交わしているが、このときも家康は秀頼の上洛を迫っていた。しかし秀頼生母で当時の大坂方の実権を握っていた淀殿らの反対で秀頼の上洛はなされなかった。このときはさすがの家康もあきらめ、六男松平忠輝《まつだいらただてる》を大坂城に派遣し、秀頼と面会させて事なきを得ていた。慶長十年の時点では幕府が既に成立していたとはいえ、まだ家康の要求をはねつけるだけの力が豊臣家にはあったことがわかる。

余談だがこの松平忠輝も面白い人物で、家康のまごうことなき実子でありながら、なぜか彼に疎まれ不遇の一生を送っている。才覚人格等に関しては巷では比較的評価が高いにもかかわらず。彼は後に一時的ではあるが、上杉のかつての領国である越後の領主ともなっており、春日山に程近い平地に高田城を築いた人物でもある（新潟県上越市。夜桜の名所）。この高田城の築城の折、兼続はなつかしの越後に足を踏み入れている。

話を元に戻す。家康が二条城で対面した折の秀頼は十八歳の凛々しい若者であった。

家康は冷静にこの孫の婿でもある若者を評価する。その評価は高かった。豊臣家にとってはこれが命取りになった。秀頼が暗愚ならばよかった。放置しておいても大事にはいたらない。家康にしてみれば孫を嫁に出したこともあるし。豊臣家自体は残しておいても、秀頼が暗愚なら世代が代わるに連れ、徳川と豊臣の主従関係も落ち着くべきところに落ち着くだろう。しかし秀頼が頭脳も明晰で威風堂々とした若殿ではそうはいかない。「元々徳川は豊臣の家臣ではないか」と動く可能性が高い。後に家康は大坂冬の陣、夏の陣で豊臣家を滅ぼすことになるが、その決心はおそらくこのときに既についていたことだろう。

●直江勝吉（本多政重）、直江家を後にする

兼続にはこの年さみしい出来事があった。あれほど大事にしていた養子の直江勝吉こと本多政重が上杉家を去っていったのである。このときの事情は定かではない。兼続はかなり慰留したが、政重の決心をくつがえすことはできなかった。もっともこのことは政重の意思だけで決めたことではなかった可能性も高い。実父が本多正信という幕府の重臣であるがゆえに政重の行動にはどうしても制約があった。上杉家中を出るにあたって兼続の養女であり、彼の実の弟大国実頼の娘であった妻の阿虎は離縁されている（のちに復縁）。

なお本多政重はその後加賀の前田家に仕えており、五万石を賜っている（当初は三万石）。実はこの後、家康の死と共に本多宗家は周りから疎まれ、正信の息子であり政重の兄である正純《まさずみ》の代に取り潰しの憂き目に遭っている。しかしその一方で本多の血筋は皮肉にも加賀藩前田家家老として政重が残している。

政重と兼続の関係が円滑であったことを証するものとして、彼らがこの後も年始の挨拶などを取り交わしている点が挙げられる。父や兄と異なり武勇や義において評価が高かった政重のこと、兼続への敬愛も決して表向きだけのものではなかったのだ。

●四季農戒書、兼続、農業にも精通

兼続の農業への造詣の深さを証明するものとして『四季農戒書』という書がある。これは実は加賀の前田藩に残っていたもので、どうやら兼続の語る内容を政重が口述筆記したものらしい。内容は農業に従事するうえでの心構えとかノウハウで、武士にしてはあまりにも詳しすぎるので偽書ではないかともいわれている。しかしこの書では越後、特に南魚沼地方の方言が随所に見られる。南魚沼と言えば兼続が幼少期を過ごした場所でもある。その頃は兼続が農業に従事していてもおかしくはなく、その後の政務へのかかわり方を見ても、彼が農業に詳しくても何ら不思議はない。そもそも何でも記録に残す、文書にして通達する、というのも兼続の特徴で逆に言えば農民があえてそんなことをするだろうかという疑問もある。この『四季農戒書』が越後や会津あるいは米沢ではなく、加賀に残っていたことも兼続が語ったことの信憑性を高めている気がする。おそらく政重が米沢を後にする数年前に筆記されたものだろう。

●政重へ阿虎を届ける、慶次の死

慶長十七年（1612年）この年も兼続は忙しく政務に携わっている。またこの年前年上杉家を後にした元の養子本多政重に謝罪すると共に、彼の元へ元の彼の妻であった阿虎を送っている。このとき本多政重は加賀前田利長に仕える藩士となっているが、兼続は家臣に命じ加賀まで阿虎を送り届けた。

またこの年に兼続は友を失っている。あの傾奇者として名高く長谷堂からの撤退の折には一番危険な殿を務め、兼続の自害を諌めた前田慶次である。米沢の堂森《どうもり》で静かに息を引き取ったという（異説もある）。同地には彼の供養塔が残る。筆者も訪問したが、供養塔のある出羽善光寺付近は米沢城下に程近いところだった。付近には大きな道路が走っているが、善光寺の前は狭い生活道路があるだけだ。訪問する際は付近にお住まいの方に迷惑をかけぬよう心がけられたい。派手な人生を送りながら、最期はひっそりと息を引き取る。これもまた慶次らしい。生誕年不明のため、享年もわからない。

●兼続、最後の戦。大坂冬の陣

翌慶長十八年（1613年）もはや兼続も五十四歳、初老の域に達している。主君景勝は五十九歳、晩年と言ってもいいだろう。初老の域に達した彼らに再び青年期の熱い息吹を呼び覚ましたのは翌年の家康の号令であった。

慶長十九年（1614年）家康は豊臣家討伐を宣言した。大坂冬の陣である。

かねてから豊臣家を滅ぼす手はずを整えていた家康だったがのんびりしてはいられなかった。彼自身にもまた寿命が迫っていたのである。この年七月有名な方広寺《ほうこうじ》の事件が起きた。慶長十三年に亡き太閤殿下（秀吉）の菩提を弔うためにと、家康は豊臣家に晩年の秀吉が建立し、その後倒壊していた方広寺の大仏殿の再建を進言していた。家康の本当の目的は豊臣家の財産を浪費させることにあった。しかし豊臣家はうかつにもこれに応じ、翌慶長十四年から再建事業を進めていた。そしてこの年落成に至るのだが、そのとき家康が難癖をつけたのである。方広寺に納めた鐘に刻まれた長い銘文中に「国家安康」という文字と「君臣豊楽」という文字も刻まれていた。これらは膨大な文字の中の一部である。そもそもの意味は「この国に安らかな平和が続きますよう」であり、「君主である天皇家、そして家臣である国民共に豊かで楽しく生活できますよう」という祈りの文言である。ところが家康はブレーンであるあの林羅山や金地院崇伝《こんちいんすうでん》らにおそるべき解釈をさせたのだ。「国家安康」は「家」「康」の二文字を切り離し、呪いをかけているようなものであるとし、「君臣豊楽」は「豊」「臣」を主「君」とするという願いが込められていると。まあはっきりいって言いがかりもいいところである。今も昔も御用学者は罪深いものだ。とはいえ家康が何か開戦の口実を欲しがっていたのはわかりきっていたのだから、豊臣家の側でも注意すべきだった。この時代は古代や中世ほど名前に呪力が認められていたわけではない。けれど高位にあるものの諱《いみな》(本名)を軽々しく口にしてはいけないというのは、この時代においても常識だった。豊臣家はそこまで気を配るべきだった。もっとも何をどうしたところで家康は御用学者に粗探しをさせ、どこかで難癖をつけただろうが。

●大坂方の浪人衆

十月一日家康は諸大名に大坂攻めの動員を発令する。一方の大坂方も二日に諸大名に声をかけるも、もはや駆けつけてくる者はいなかった。関ヶ原から既に十四年、幕府が開かれてからでも十一年、「今更、豊臣もあるまい」の感はぬぐえなかった。さらに関ヶ原で家康に味方した秀吉恩顧の大名らも、そのほとんどが既に亡くなっており代替わりを遂げていた。家康が当時の男子としては異様な長生きだったことを改めて認識させられる。福島正則などはかろうじて生き残っていたが、秀頼側に寝返ることが危惧されたのか、江戸の留守居役にさせられている（後にお家取り潰し）。大坂方に集まったのは関ヶ原の敗戦などで主を失った浪人たちであった。代表的な

大坂冬の陣・布陣

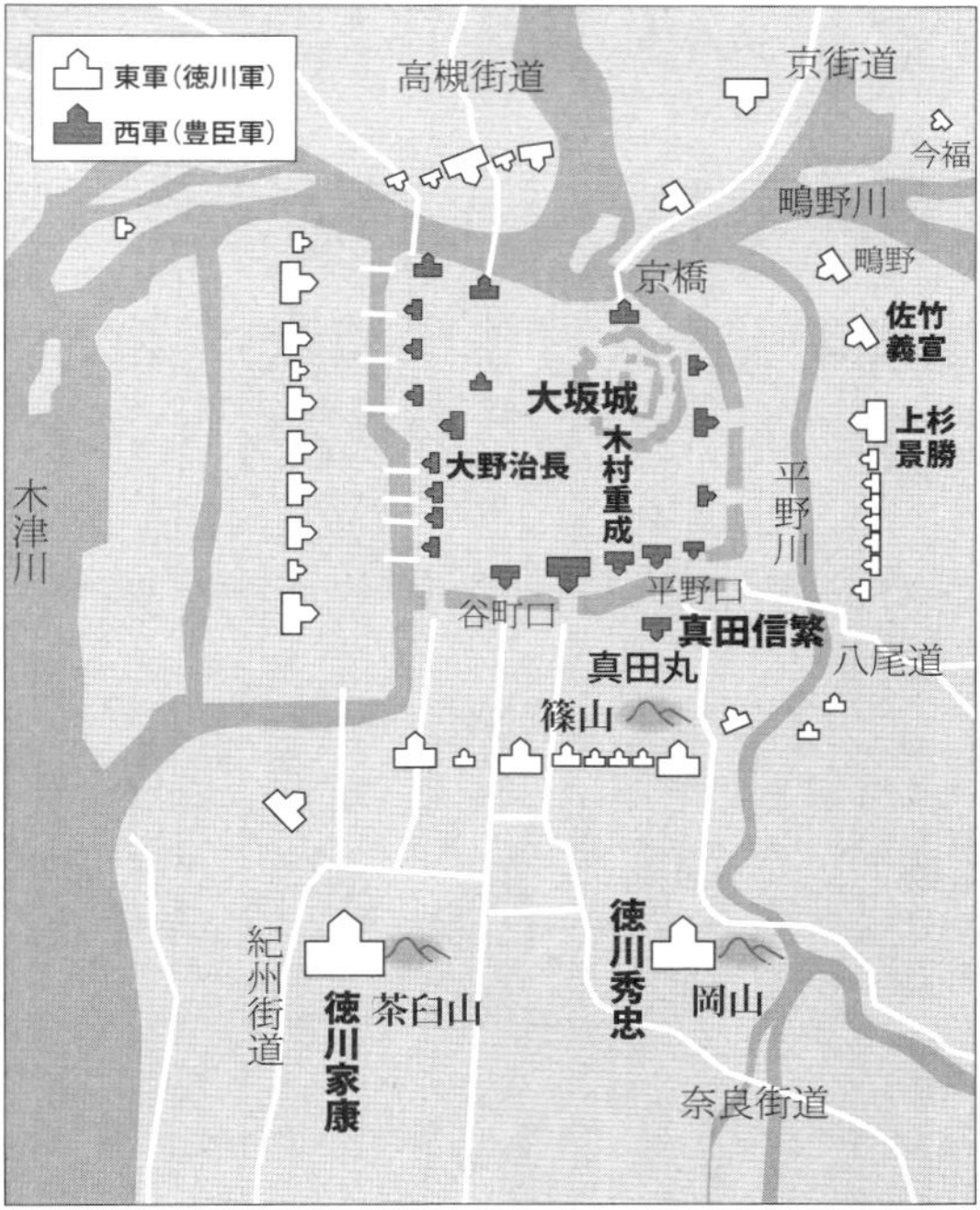

浪人衆を挙げる。まず真田信繁（幸村）、言わずと知れたあの真田昌幸の次男である。関ヶ原では真田家はどちらに転んでも真田家が残るように父昌幸とこの信繁が西軍に、そして長男信之は東軍に味方している。昌幸と信繁は中山道の秀忠軍を信州上田で足止めした。

例の関ヶ原への秀忠と本多正信の遅刻の原因である。信繁は戦上手のイメージがあるが、それはこのあと冬の陣での活躍が広まってからのことで、この時点では上田の戦などは専ら父である昌幸の功績であると思われていた。

　続いて後藤又兵衛《またべえ》基次《もとつぐ》、彼は秀吉の軍師として名高い黒田官兵衛（如水）配下の武将として名を上げていた。しかし如水の息子の長政と折り合いが悪く、関ヶ原でも戦功を挙げているにもかかわらず身の危険を感じ黒田家を後にしていた。他の大名への仕官も長政に邪魔され、乞食に身をやつしていたといわれている。

　そして秀吉恩顧の元大名毛利勝永《かつなが》。彼は関ヶ原で西軍に属し、伏見城攻めで手柄を立てたが、西軍の敗北で改易され、例の「拙者の城を家康殿に明け渡しとうござる」という一言で土佐に大加増を受けていた山内一豊の元に仕官していた。一豊は彼を大切に扱っていたらしい。しかし旧恩ある豊臣家からの誘いに、毛利勝永は義を選んだ。彼は居心地のよかった土佐を出奔し、息子の勝家と共に大坂城に入城している。大坂方の信頼は彼が一番得ていたようだ。実際真田信繁に勝るとも劣らぬ戦いぶりをした。彼もまた男である。なお彼の「毛利」は毛利輝元らの「毛利氏」とはつながりはない。元は「森」氏だったのが大大名毛利氏にあやかって改名したものである。

　他に宇喜多秀家の軍師でありキリシタンでもあった明石全登《あかしたけのり》。さらにかつての土佐の大大名である長宗我部盛親《ちょうそかべもりちか》もいた。彼は関ヶ原では東軍に属すつもりだったのが、なりゆきで西軍に属してしまい改易に遭ってしまったという悲劇の人である。盛親は京においてかつての家臣らの支援などで細々と生計を立てていたという。

こうして顔ぶれを見ると改めて大坂方に勝ち目はなかったのがわかる。ある意味、関ヶ原以降不遇の身だったかつては名のあった浪人たちが、歴史に天下に名を刻むため死に花を咲かせる場所が大坂城だったのかもしれない。

●上杉隊、出陣

兼続の主君景勝は十月五日参勤で江戸へ向かう途中の那須鍋掛《なべかけ》（栃木県）で家康からの報告を受けた。そして自身はそのまま江戸へ向かう一方で、米沢の兼続に出陣の指示を出した。九日に江戸に到着した景勝は江戸城で将軍秀忠に拝謁、誓紙を書いている。上杉隊は伊達政宗隊、佐竹義宣隊と共に先鋒を命じられた。十月二十日景勝は伊達政宗隊と共に江戸を発っている。江戸に滞在していた兼続の長男直江景明も同行した。米沢の兼続は九日に連絡を受けると準備を開始した。十五日から順次米沢を発った上杉の後続隊（兼続は十六日に出発）は二十三日に江戸に集結、途中東海道の藤枝《ふじえだ》（静岡県）で前を行く主君景勝に追いついている。十一月六日に山城（京都府）木津に到着する。木津では兼続は長男景明の義父である戸田氏鉄から申し送りを受け、本多正信とも打ち合わせをしている。

十八日に家康・秀忠の本隊が着陣した。江戸方（幕府方）の総勢は二十万にも及んだ。主な顔ぶれはあえて書かない。なぜなら日本全国のほとんどの大名が大坂に集結したからである。局地的には関ヶ原を遥かに上回るスケールの戦であった。

結論から言えばこの戦が主君景勝、そして兼続（重光）にとって最後の戦となる。このとき兼続（重光）五十五歳、景勝六十歳。最後の戦は関ヶ原の折の長谷堂合戦（景勝は城内にいたが）だから十四年ぶりの戦である。二人にとってさぞや感慨深い戦だったに違いない。なお家康はこのとき七十三歳であった。

十一月九日上杉勢は同じ山城の玉水に移動。十二日には景勝・兼続の二人は京の二条城で佐竹義宣と共に家康に拝謁している。待ち望んでいた大坂方との戦に家康は大はしゃぎだった。さらに十六日に淀、二十三日に飯盛山、二十四日に天神森に移動。そして二十五日に大坂城の東北、大和川の北岸鴫野《しぎの》に着陣した（二一〇七頁参照）。なお対岸には佐竹義宣が陣を敷いた。

このときの大坂城のスケールは半端ではない。大坂城の堀にたどり着くまでに鴫野からでも平野川、猫間川という川を渡らねばならない。まさに天然の要害を備えた天下無双の名城であった。「大坂方によってここに築かれた柵を撤去すべし」というのが家康からの指示である。

●上杉鉄砲隊、鴫野口で大活躍

翌二十六日戦闘が開始された。名高い鴫野・今福の戦いである。合戦が始まったのはほぼ夜明けと同時の午前六時頃、まずは上杉軍の先鋒が大坂方の兵を退却させる。安田能元、須田《すだ》長義《ながよし》らが柵を占拠。午前十一時頃上杉の持ち場とは対岸の佐竹軍が苦戦しているのを見る。大坂方の武将、秀頼の小姓出身であり乳母の子でもある幼馴染みの若き重臣木村《きむら》重成《しげなり》の部隊と佐竹軍が膠着状態になっていたところへ、あの後藤又兵衛が援軍に駆けつけたからであった。上杉隊は対岸から鉄砲による射撃で佐竹を援護、このとき兼続が又兵衛を狙い撃ちにするよう命ずると、弾丸が又兵衛の身体をかすったといわれている。正午近くになり、鴫野口にも大坂方からの反撃があった。一万二千の大軍。率いていたのは、淀殿の乳母の子であり、秀頼の実の父親という噂さえ囁かれていた大坂城内の実力者大野《おおの》修理亮治長《しゅりのすけはるなが》である。これにはさすがに上杉の先鋒も劣勢となり退却。しかし大坂勢がさらに攻め込んできたところをあの水原鉄砲隊の一斉射撃でひるませ、ここから上杉方が反撃に転じる。もちろんこのときの鉄砲はあの白布で兼続が製造させていたものだ。まさに先見の明の賜物といえる。横槍を入れてきた安田隊の攻撃で大坂方は退却をはじめる。そこをさらに態勢を整えなおした須田勢が追い討ち、上杉隊は大勝利を収めた。

●あっぱれ、上杉軍

上杉勢の活躍を聞いた家康は堀尾忠晴《ほりおただはる》と守備を交代して後方で休息するよう陣替えを指示する。しかし景勝は動かない。再度家康が使者を送って急かすと「弓矢を取る武門の家に生まれた私だ。先陣争いに勝利し苦労の果てに陣取ったこの地、たとえ上様のご命令とあっても軽々しく引くことはできぬ」とこれを拒絶している。このとき景勝は床机にしっかり腰をおろし、いささかも慌てふためくこともなく微動だにせず。その背後には兼続・景明、本庄繁長《ほんじょうしげなが》らがこれまた堂々と見守り。本陣には紺地に日の丸の御旗と謙信公ゆかりの「毘」の旗指物が整然と立ち並ぶ。これぞまさに武勇に聞こえし上杉家と後々まで語られるほどの堂々とした陣容であったという。

●冬の陣、終結

数に圧され野戦では敵わぬとみた大坂方は砦を放棄し、三十日から大坂城に籠城する。二十万の大軍が大坂城を取り囲んだが、家康も容易には手を出せない。十二月四日には真田信繁の猛攻に遭い、徳川方も大打撃を受ける。家康は戦わずして和議に持ち込むことを画策。堀の水位を下げるため川の流れを堰き止めたり、鉱夫を使って坑道を掘り始めるなど様々な策を施した。十六日には一斉砲撃を開始。幕府軍が用意した大筒の他、上杉のあの白布で製造された大筒も大いに大坂方を脅えさせた。

特に脅えたのは淀殿をはじめとする女性たちであった。たまたま彼女らの詰める間の近くに大筒の弾が命中したこともあり、慌てて和議を取り結ぶこととなったのである。もちろん真田信繁をはじめとする浪人たちは反対した。大坂城あっての戦、和議により堀を埋め立てられ丸裸にされてはもはやどうにもならない。女性が実権を握る城のこれが限界だったのだろう。秀頼が自ら馬上の人とならなかったことも士気を低くした。

二十日に和議が成立、秀頼の本領を安堵する代わりに、二之丸、三之丸、堀の破棄が条件であった。家康は人員を大量に動員し、素早く撤去作業を進める。そして豊臣家が行うことになっていた二之丸の撤去まで自分たちでやってしまう。もはや大坂城は丸裸であった。

●大坂夏の陣、豊臣氏の滅亡

翌慶長二十年（1615年）二月二十九日、景勝と兼続は米沢城に戻った。しかし休む間もなく再び家康から大坂攻めの召集がかかる。景勝は兼続とともに四月十日に米沢を出発、下旬には大坂に到着している。冬の陣で三百四名の死者を出したことへの労《ねぎら》いか、はたまたもう上杉は十分に信用に足ると思われたのか、あるいはこれ以上上杉に手柄を立てさせるわけにはいかないと思われたのか。先鋒を命じられた冬の陣と異なり、今回上杉家に与えられたのは京の警備という仕事であった。五月三日に上杉軍は山城八幡に着陣するが、小競り合いすらなかった。

その頃大坂では五月六日に後藤又兵衛が後続との連携がとれず、前方に取り残され討ち死に。木村重成も藤堂隊相手に奮戦したが、後詰めの井伊隊の攻撃に遭って討ち死にを遂げている。七日には天王寺・岡山にて最終決戦がなされ、なんと一時は家康の本陣がパニック状態になり、家康が切腹を覚悟したほど追い詰めるのだが、多勢に無勢、疲労の極みにあった真田信繁は休息中のところを討ち取られた。

豊臣方の武将は城内に退却するが、真田隊を討ち破った松平忠直《まつだいらただなお》隊をはじめとし、次々に城内に徳川方の兵が侵入。天守にも火がつき脱出させられた千姫による助命の嘆願もむなしく淀殿、秀頼は自害した。五月八日のことであった。

●長男景明、病に死す

家康・秀忠の凱旋と共に景勝らも入京、六月には米沢へ戻る。そしてこの米沢に戻った晩年の兼続を大きな悲しみが襲った。嫡男景明の病死である。既に冬の陣の後病気となり、温泉にて療養していたのだが、七月十二日帰らぬ人となった。享年二十一(二十二歳説、十八歳説もある)の若過ぎる死だった。なおこの年七月十三日に後水《ごみずの》尾《お》天皇の即位などにちなみ元号が元和《げんな》に改元されている。景明は生来病弱だったといわれている。また両目が不自由であったとも。兼続は養子をとったりはしたが、この景明のことを深く愛しており、慶長十四年（１６０９年）に五色《ごしき》温泉に湯壷を開いてやっていた。五色温泉は米沢から福島へ向け、山形県と福島県の県境へ向かう板谷峠沿いの山深いところにある。現在は栗子峠越えの国道13号が通っていて、立派なトンネルにより難は感じないが、それでもかなりスケールの大きな峠越えである。直線距離は米沢から近いとはいえ、このような地に湯壷を開いたことからも兼続の景明への愛情がよくわかる。景明からも経過が良好である旨の書状が兼続に寄せられていた。最後に残った実子だった。晩年に実子が先に逝ってしまう、この悲しさは計り知れないものだったろう。

●家康の死

豊臣征伐という宿願を果たし、もはやこの世においてなすべきこともないと思ったのだろうか、翌元和二年正月に家康が病床に臥せった。三月四日、兼続は景勝に従い、家康を見舞うために江戸を出発、駿府（静岡県）に向かっている。二人は三月七日に家康との面会を果たしているが、もちろんこれが今生の別れであった。四月十七日、徳川家康逝去、享年なんと七十五歳。思い残すことのない往生であったろう。

景勝と兼続は五月十三日に江戸を発ち米沢へ向かった。そしてまたしても訃報が舞い込む。六月七日に本多正信が亡くなったという知らせであった。こちらは享年七十九歳。かつての仇敵である。しかし関ヶ原後は一転して上杉家生き残りの恩人でもあった。兼続は景勝と共にその死を悼んだ。

●禅林文庫《ぜんりんぶんこ》

元和五年（1619年）頃、兼続は禅林文庫を創設した。主君景勝が創建した禅林寺に自身が保持していた大量の貴重な書物を寄贈し、藩士の学問の充実を図ったのである。宇都宮で知り合った九山《きゅうざん》に奨学金を与え足利学校で学ばせ、後に米沢に招聘し、彼を開祖とした。このときの書物は今でも残っており、後に上杉鷹山《うえすぎようさん》の手で創建された藩校興譲館《こうじょうかん》で藩士に教育が行われる際もその志は受け継がれたという。禅林寺は後に法泉寺《ほうせんじ》と名前を変えている。

●兼続（重光）、旅立つ

元和五年（1619年）兼続は齢六十になっていた。将軍徳川秀忠は娘和子《かずこ》を後水尾天皇の下へ入内させるための準備で上洛している。その際に兼続も主君景勝に同行し、お供として従卒された。兼続はこのとき既に病に冒されていた。しかし大役を辞退するわけにもいかなかった。秀忠への義も感じていた。三月十六日に米沢を発ち二十八日に江戸に到着したが、この江戸で兼続は体調を崩した。しかし五月八日には京へ向けて発っており、十三日に京に到着。さらに京から江戸へ随伴している。

病の身での長旅がたたったのか、兼続は江戸に戻ると臥せってしまった。そしてこの年の十二月十九日、江戸鱗屋敷にて永遠の旅立ちを果たしたのである。享年六十。

壮絶な一生であった。人が人として生まれ、わずか数十年の一生でなせることのほとんどをなしてしまったかのような人生であった。勝利も敗北も経験した。親の死も友の死も、それどころか子供の死まで体験した。海を渡り異国にも行った。城も造った。堤防も築いた。町も興した。学問にさえ親しんだ。彼がなしえなかったことと言えば主君と妻の死に立ち会うこと、孫の顔を見ること、そして人を裏切ることだけではなかっただろうか。

兼続の死を悼んで幕府からは銀子が贈られた。また兼続の死後直江家は家督を継ぐものがなく廃絶となった。景明が亡くなった時点で養子をとることを勧める人もいた。しかし兼続は自分を育て信じてくれた主君景勝や米沢藩に対し、最後にできる奉公として禄の返上を選んだ。最後の最後まで主君と藩に尽くした人生であった。

●兼続の死後

四年後元和九年（1623年）三月二十日、後を追うように主君上杉景勝も領国米沢で亡くなっている。享年六十九。上杉家の家督は兼続の妻お船の方が育てていた千徳（玉丸）こと上杉定勝が継いでいる。

その定勝はお船の方に大いに恩を感じていた。そのため彼女は破格の厚遇を受けている。兼続の死後も鱗屋敷に居住を許され、知行も与えられていた。また特に江戸表との折衝など、彼女は藩政にも参加しており、尼御台《あまみだい》と呼ばれた北条政子や徳川三代将軍家光の乳母春日局《かすがのつぼね》のように、家中からも敬愛され政治向きへの助言も求められていた。兼続の死後は剃髪して貞心尼《ていしんに》と称していた彼女は、兼続の意思を継ぎ、『文選』の再刊も成し遂げた。

寛永十四年（1637年）正月、彼女は八十一歳でこの世を去った。兼続にとって糟糠の妻であり、また上杉家にとっても支柱のような女性であった。上杉家藩主定勝は生前彼女の見舞いにも訪れており、その死を深く悼んだ。

米沢の林泉寺には直江兼続と妻お船の方のお墓がある。兼続発案といわれている万年塔《まんねんとう》という形式のお墓だ。空洞になっていて、側面に穴があいている直方体の上に、屋根が乗っかっている。どちらも石でできていて、有事の際には屋根が防御壁に、直方体の部分は洪水時の堤防に使えるように工夫されたという。夫婦のお墓の大きさはほとんど同じで、仲良く横に並べられている。二人も平成の御世になって、急に自分たちのお墓を訪ねてくる人が増えたことに苦笑しているかもしれない。

一つの時代が終わった。

兼続を知る多くの人たちもまた亡くなっていった。

けれど兼続の偉業や人となりは今でもこうして語られている。

直江兼続と言えば、真っ先に思い出されるのが「愛」の一字。上杉神社の宝物殿である稽照殿《けいしょうでん》に納められている「金小札浅葱糸威二枚胴具足」の兜の前立てに、「愛」の一字は堂々と輝いている。この「愛」が何を意味するのか。多くの説が存在する。「愛宕明神《あたごみょうじん》」の「愛」だとも、「愛染明王《あいぜんみょうおう》」の「愛」だとも、「民を愛し、領地を愛し、主君を愛し、家を愛し、家族を愛した」その愛だとも。

答えがどれなのかはわからない。兼続の一生を振り返った今、読者諸氏がそれぞれに求めてくだされば、それが答えなのだと思う。

（完）

本書は文庫書き下ろしです。

直江兼続年譜

西暦	年号	兼続年齢	事項
一五五五	弘治一		上杉景勝誕生
一五六〇	永禄三	1	樋口与六（兼続）誕生
一五六四	七	5	景勝、上杉謙信の養子となる
一五七〇	元亀一	11	**3月**、景虎が謙信の養子となる
一五七八	天正六	19	**3月13日**、謙信死去。**5月**、御館の乱始まる
一五七九	七	20	**3月24日**、景虎自刃し御館の乱終わる
一五八一	九	22	直江信綱が殺され、兼続が未亡人、お船の方と結婚、直江家を継ぐ。
一五八二	一〇	23	**6月2日**、本能寺の変、信長死す。
一五八三	一一	24	**2月**、景勝、秀吉と和親
一五八五	一三	26	**8月**、落水で兼続と三成が会談
一五八六	一四	27	**5月**、景勝・兼続上洛、秀吉と会見
一五八七	一五	28	**10月26日**、新発田城落城。領土内平定
一五八八	一六	29	**4月20日**、景勝・兼続再上洛
一五八九	一七	30	**6月**、佐渡平定

一五九〇	一八	31	4月、小田原攻めに参加
一五九二	文禄一	33	6月、朝鮮出兵（文禄の役）
一五九三	二	34	9月、朝鮮より帰国
一五九八	慶長三	39	1月10日、上杉家、会津転封。8月18日、秀吉死す
一五九九	四	40	閏3月3日、前田利家死去。加藤清正ら三成の暗殺計画。12月、家康は前田利長に謀反の疑いをかける
一六〇〇	五	41	2月、兼続が会津に新城を起工し、道路を修築。3月、越後の堀直政ら、上杉に謀叛の徴ありと密告。景勝の家臣、藤田信吉が会津より脱走し、徳川のもとへ。3月13日、謙信二十三回忌、景勝、家康に屈服せざるを誓う。4月1日、西笑承兌、兼続に上洛の書状を送る。4月14日、兼続は直江状をもって上洛を拒否する。5月3日、家康は諸大名に上杉討伐の令を下す。6月16日、家康、諸将を率いて大坂を出発。7月21日、家康、会津へ向かって江戸城を出る。7月25日、家康、小山会議で上杉討伐を中止し江戸に退く。9月1日、家康、江戸城を出発し、西に向かう。9月14日、兼続、長谷堂城を攻撃。9月15日、関ヶ原の合戦、家康の東軍が

			三成の西軍に勝利。**10月1日**、三成斬首。兼続、長谷堂城より撤退。**10月20日**、景勝・兼続は家康への降伏を決める
一六〇一	六	42	**8月17日**、景勝・兼続、家康から会津百二十万石より、米沢三十万石に厳封される。**8月20日**、兼続、転封実施の指示を伏見より発する。**11月末**、家臣たちの移動がほぼ完了する
一六〇二	七	43	**9月**、父、樋口兼豊死去
一六〇三	八	44	**2月**、上杉は江戸桜田に屋敷（鱗屋敷）を与えられ、居館を造営する
一六〇四	九	45	**2月**、景勝の正妻、菊姫死去。**潤8月**、本多政重、直江家に入婿、勝吉となる。**11月**、兼続、鉄砲稽古定を作成。
一六〇五	一〇	46	この年、兼続は次女、長女・於松を亡くす。
一六〇七	一二	48	**3月**、文選を刊行
一六〇八	一三	49	**1月4日**、兼続、重光と改名
一六〇九	一四	50	**2月15日**、景勝の生母、仙洞院灰去。**9月**、兼続、弟の娘を養女に向かえ勝吉に嫁がす。**12月**、嫡子の景明結婚。
一六一一	一六	52	夏、政重（勝吉）、直江家を離縁、加賀前田の家老となる

一六一四	一九	55	11月26日、大坂冬の陣。景勝、兼続は鴫野の戦で活躍
一六一五	二〇	56	2月29日、米沢へ凱旋。7月、兼続の嫡子平八景明病死
一六一九	元和五	60	12月19日、兼続死去
一六二三	九		3月2日、上杉景勝死去、六十九歳
一六三七	寛永一四		1月、兼続夫人お船の方死去

●後藤武士（ごとう・たけし）

1967年（昭和42年）、岐阜県生まれ。青山学院大学法学部卒。大学院、塾経営を経て執筆講演活動へ。日本全国授業ライヴ（GTP）主宰。北は北海道から南は九州、石垣島まで全国各地で授業ライヴを実施。08年上梓の『読むだけですっきりわかる日本史』（宝島社文庫）がベストセラーに。また、『最強最後の学習法』、『これ一冊で必ず国語読解力がつく本』（共に宝島社）が受験生のバイブルとなる。現在、受験対策、国語、歴史、法律など幅広い著作を持つ。

宝島
SUGOI
文庫

読むだけですっきりわかる直江兼続（よむだけですっきりわかるなおえかねつぐ）

2009年2月19日　第1刷発行

著　者　後藤武士
発行人　蓮見清一
発行所　株式会社 宝島社
〒102-8388　東京都千代田区一番町25番地
電話：営業 03(3234)4621／編集 03(3239)5746
振替：00170-1-170829（株）宝島社
印刷・製本　株式会社廣済堂

乱丁・落丁本はお取り替えいたします

ISBN 978-4-7966-6893-4